topfit Deutsch

Grammatik und Zeichensetzung 3 für die Jahrgangsstufen 7/8

Herausgegeben von Christiane von Schachtmeyer
Verfasst von Claudia Strick-Mertens
Unter Beratung von Gerhard Schoebe

Oldenbourg

Textquellenverzeichnis

S. 77, 103: http://www.berufe-lexikon.de/berufsbild-beruf-schauspieler-schauspielerin.htm

Das Papier ist aus chlorfrei gebleichtem Zellstoff hergestellt, ist säurefrei und recyclingfähig.

1. Auflage 2008 R 06

Druck 12 11 10 09 08
Die letzte Zahl bezeichnet das Jahr des Drucks.
Alle Drucke dieser Auflage sind untereinander unverändert und im Unterricht nebeneinander verwendbar.

Umschlagkonzept: Mendell & Oberer, München
Gestaltungskonzept, Layout und Umschlag: Erasmi & Stein, München
Lektorat: Anne-Kathrein Schiffer
Herstellung: Jakob Buxeder, München
Illustration: Margit Pawle, München
Satz: Popp Media Service, Augsburg
Reproduktion: Rehms & Brandl GmbH, München
Druck: MB-Verlagsdruck, Schrobenhausen

ISBN: 978-3-486-**00435**-9
ISBN: 978-3-637-**00435**-1 (ab 1.1.2009)

Sehr geehrte Kollegin, sehr geehrter Kollege,

die Reihe *topfit Deutsch* besteht aus Übungsheften zu den Bereichen „Grammatik und Zeichensetzung", „Rechtschreiben" sowie „Argumentieren" und „Lesekompetenz".
Die Hefte sind für die Verwendung in Ihrem Unterricht konzipiert und sind **lehrwerksunabhängig** aufgebaut. Sie können als **begleitendes Zusatzmaterial** zu dem in Ihrer Schule eingeführten Lehrwerk, aber z.B. auch für Hausaufgaben oder für die Vorbereitung von Klassenarbeiten/Schulaufgaben genutzt werden.
Die Hefte verzichten aus diesem Grund weitgehend auf die Abbildung des jeweiligen Regelwerks, greifen dies aber z.B. bei anspruchsvollen grammatischen oder rechtschriftlichen Phänomenen wieder auf.

Mit *topfit Deutsch* können Sie
- eigenverantwortliches Arbeiten (über Methoden und Möglichkeiten der Selbstkontrolle) trainieren,
- an Stationen und Werkstätten arbeiten,
- für Vergleichsarbeiten/zentrale Leistungsüberprüfungen üben,
- in Einzel- und Partnerarbeit unterrichten.

Und so sind die Hefte aufgebaut:

Einstiegs-/Wiederholungstest
Die Hefte „**Grammatik und Zeichensetzung 1-3**" und „**Rechtschreiben 2-3**" beginnen jeweils mit einem kleinen Einstiegstest, der bereits gelernte Fachinhalte aufgreift und den Lernstand der Schülerinnen und Schüler darlegt.

Übungseinheit, z. B.: Konjunktiv I
Die Übungseinheiten bieten Trainingsmaterial zu allen lehrplanrelevanten Inhalten des jeweiligen Bereichs an.
Die Übungen folgen in der Regel der **Methodik des Dreischritts**:
1. Erkennen des Phänomens
2. Üben des Phänomens
3. Vertiefendes Üben des Phänomens in größerem Zusammenhang

Die Übungen bauen in ihrem Schwierigkeitsgrad aufeinander auf, können aber unabhängig voneinander durchgenommen werden.

Gesamtübung
Am Ende einer Einheit werden in der Regel alle trainierten Phänomene in einer Gesamtübung wiederholend vertieft und somit gesichert.

Heraustrennbarer Lösungsteil
Ein heraustrennbarer Lösungsteil dient der Überprüfung und kann zur Selbstkontrolle durch die Schülerinnen und Schüler herangezogen werden.

Die vorgeschlagenen Jahrgangsstufen verstehen sich als Empfehlungen.

Wir wünschen Ihnen einen abwechslungsreichen und entspannten Unterricht!

Die Herausgeberin und die Autoren von *topfit Deutsch*

Überblick über die Tempora

Tempus	Tempusformen zusammengesetzt aus:	Beispiele
Präsens	–	ich sehe, du siehst
Präteritum	–	ich sah, du sahst
Perfekt	Personalform von haben/sein + Partizip II	ich habe gesehen, du bist gelaufen
Plusquamperfekt	Vergangenheitspersonalform von haben/sein + Partizip II	ich hatte gesehen, du warst gelaufen
Futur I	Personalform von werden + Infinitiv	ich werde sehen, du wirst sehen
Futur II	Personalform von werden + Partizip II + Infinitiv von haben/sein	ich werde gesehen haben, du wirst gelaufen sein

Verbformen erkennen und bestimmen – Ein Sportfest der besonderen Art

1 Unterstreiche die Verbformen in den folgenden Sätzen im Präsens rot, im Perfekt blau, im Präteritum lila, im Futur I orange, im Futur II rosa und im Plusquamperfekt grün.
2 Ordne sie anschließend in die folgende Tabelle ein.
3 Überprüfe deine Ergebnisse im Lösungsteil und berichtige gegebenenfalls.

a) Wir springen heute drei Saltos auf dem großen Trampolin.

b) Du fährst gleich mit mir auf dem Tandem.

c) Sie waren die 100 Meter in 20 Sekunden gelaufen, das fanden wir nicht besonders schnell.

d) Ich war mutig, denn ich trat gegen die Jahrgangsbesten im Weitsprung an.

e) Er fiel hin, weil die anderen gerufen hatten.

f) Weil wir verloren haben, werdet ihr rennen.

g) Alles spricht dafür, dass ihr am Abend gesiegt haben werdet.

h) Es ist also sehr wahrscheinlich, dass unser Trainer am Abend ein dickes Lob ausgeteilt haben wird.

i) Ich werde auch ein Rennen gewinnen.

j) Sie warfen den Diskus, die Zuschauer klatschten.

k) Schon vorher hatte ich mich gefreut.

l) Sie kämpft um den Sieg.

m) Ihr habt zugeschaut, bis ich endlich getroffen habe.

n) Du wirst sehen, dass auch du viel Spaß haben wirst.

Präsens	Präteritum	Perfekt
wir springen		

Plusquamperfekt	Futur I	Futur II

4 In der Tabelle stehen regelmäßige und unregelmäßige Verbformen. Markiere die unregelmäßigen Verbformen.

Tipp Wende die Infinitivprobe an: Du erkennst die unregelmäßigen Verbformen im Vergleich zum Infinitiv am Vokalwechsel im Wortstamm, z.B.: tr*e*ffen – ich habe getr*o*ffen, schl*a*fen – ich schl*ie*f.

Verbformen bilden – Was beim Wettkampf passiert

5 Bilde folgende Formen, markiere die unregelmäßigen Verbformen und überprüfe anschließend mithilfe des Lösungsteils.

a) 3. Ps. Sg. Perfekt von „treffen" → er hat getroffen

b) 1. Ps. Pl. Präsens von „lachen" → ______

c) 2. Ps. Sg. Präteritum von „springen" → ______

d) 1. Ps. Pl. Plusquamp. von „sehen" → ______

e) 3. Ps. Pl. Futur I von „kämpfen" → ______

f) 2. Ps. Pl. Präsens von „verlieren" → ______

g) 1. Ps. Sg. Plusquamp. von „weinen" → ______

h) 2. Ps. Sg. Perfekt von „klatschen" → ______

i) 3. Ps. Sg. Futur II von „hinfallen" → ______

6 Unterstreiche die Verben und bestimme die Verbform und das Tempus. Setze bei den mehrteiligen Formen auch die Verbklammer. Markiere anschließend wieder die unregelmäßigen Verbformen. Überprüfe im Lösungsteil.

a) In Berlin findet momentan das Leichtathletikfest statt.

→ 3. Ps. Sg. Präsens

b) Anne hatte ihre Eltern zu einem Besuch des Sportfestes überredet und sie kamen dann auch.

→ ______

c) Auch ihre Freundin Marie fand die Idee gut.

→ ______

d) Gemeinsam mit Annes Bruder Dominik und ihren Eltern haben sie sich auf den Weg gemacht.

→ ______

e) Am Einlass standen sie wegen des großen Andrangs eine Weile an.

→ ______

f) Später werden sie zusammen mit den anderen Zuschauern die Athleten anfeuern.

→ ______

g) Ob sie wohl ein Autogramm bekommen werden?

→ ______

7 Unterstreiche in folgendem Text die Verben und bestimme die Verbform und das Tempus. Setze bei den mehrteiligen Formen auch die Verbklammer. Markiere anschließend die unregelmäßigen Verbformen. Überprüfe deine Ergebnisse im Lösungsteil.

Die Sportler des Jahres in Schleswig-Holstein

Die Leser des Neustädter Boten und die Hörer von Antenne 08 werden wieder die Sportler des Jahres wählen (________________). Die Redaktionen haben die erfolgreichsten Sportler des Jahres den Lesern und Hörern vorgestellt (________________). Julia Henkelmann lief (________________) bei der letzten deutschen Jugendmeisterschaft einen neuen Rekord und ist (________________) damit wieder eine Topfavoritin für den Titel. Das Gleiche gilt (________________) für Simon Westerholt mit seinem Hengst Bento, der schon ein großes S-Springen gewonnen hat (________________). Dabei hatte Simon nach seinem Sturz beim Großen Preis von Westerland schon alle Hoffnung auf eine erfolgreiche Saison aufgegeben (________________). Wie wird wohl Marie Julie von Boden abschneiden (________________), die erfolgreiche Tennisspielerin, die sogar schon an den Australian Open teilnahm (________________) und dort die Qualifikationsrunde souverän überstand (________________)? Wir sind (________________) alle sehr neugierig auf das Votum von Lesern und Hörern.

8 Im folgenden Text fehlen einige Verbformen. Fülle die Lücken, indem du die Verbform im passenden Tempus wählst.
9 Unterstreiche in den Sätzen außerdem das Wort bzw. die Formen, die dich zum richtigen Tempus geführt haben.
10 Überprüfe deine Ergebnisse im Lösungsteil.

In einer Pause unterhalten sich Anne und Marie über die verschiedenen Disziplinen des Leichtathletikfestes.

Anne: Ich fand (finden) den Hindernislauf vorhin besonders spannend. In den letzten Runden __________ (haben) es manche Läufer schwer, über die Hürden zu springen.

Marie: Ich möchte nicht in jeder Runde in den Wassergraben springen müssen. Du hast ja dann nasse Socken und Schuhe.

Anne: Welche Sportart __________ dir bisher am besten __________ (gefallen)?

Marie: Mich hat der Hochsprung besonders interessiert. Dort springt schließlich meine Lieblingssportlerin mit.

Anne: Bei uns im Sportclub haben wir das Springen über die Latte ja auch schon versucht. Aber der Erfolg ______ nicht so ______ ______ (überwältigend sein).

Marie: Deshalb möchte ich mir hier vielleicht den ein oder anderen Trick abschauen. Das Entscheidende beim Hochsprung ______ (sein) doch die Technik.

Anne: Ich bin vor allem froh, dass wir damals auch so eine weiche Matte ______ ______ (haben), in die du nach dem Sprung hineinfällst.

Marie: Gleich ______ wir uns den 1500m-Lauf ______ (ansehen). Bei längeren Laufstrecken ______ (finden) ich sehr spannend, mit welcher Taktik gelaufen wird.

Anne: Stimmt! Die Kurzstreckenläufer ______ (laufen) ja einfach nur drauf los.

Marie: Das müssen wir jetzt auch, sonst ______ wir noch den Startschuss ______ (verpassen).

11 Bilde mit dem Wortmaterial Sätze im vorgegebenen Tempus.
12 Überprüfe anschließend deine Ergebnisse im Lösungsteil und berichtige Fehler auf den Korrekturzeilen.

a) Würstchen – Dominik und sein Vater – holen (Perfekt)

Dominik und sein Vater haben Würstchen geholt.

b) großen Hunger – verspüren – beide (Plusquamperfekt)

______

Korrektur: ______

c) verzichten – die Mutter – auf ein Würstchen – lieber (Präteritum)

______

Korrektur: ______

d) sie – zurück sein – zum Start des Hürdenlaufs – wollen (Präsens)

______

Korrektur: ______

e) nach Hause – mit vielen Eindrücken – fahren – wohl – die Familie (Futur I)

______

Korrektur: ______

Aktiv – Passiv

Übersicht über die Tempora im Passiv:

Das Passiv ist neben dem Aktiv eines der Genera verbi. Es drückt aus, dass mit dem Subjekt des Satzes etwas getan wird, es also von der Handlung betroffen ist. Während im Aktiv der Handelnde im Vordergrund steht, dient das Passiv dazu, den Betroffenen oder eine behandelte Sache hervorzuheben.

Bsp.: **Michael** wurde (von Daniel) geärgert.

Das Passiv wird gebildet aus der Personalform des Verbs „werden" im jeweiligen Tempus + Partizip II.

	Genus: Passiv	Genus: Aktiv
Tempus	**Formenbeispiele**	**Formenbeispiele**
Präsens	ich werde gesehen, du wirst gesehen	ich sehe, du siehst
Präteritum	ich wurde gesehen, du wurdest gesehen	ich sah, du sahst
Perfekt	ich bin gesehen worden, du bist gesehen worden	ich habe gesehen, du hast gesehen
Plusquamperfekt	ich war gesehen worden, du warst gesehen worden	ich hatte gesehen, du hattest gesehen
Futur I	ich werde gesehen werden, du wirst gesehen werden	ich werde sehen, du wirst sehen
Futur II	ich werde gesehen worden sein, du wirst gesehen worden sein	ich werde gesehen haben, du wirst gesehen haben

Passivformen wiederholen – Beim Hochsprungwettbewerb

1 Bilde die angegebenen Formen folgender Verben: ankündigen – rufen – überholen.

3. Ps. Sg. Präsens Passiv:	Er / sie/ es wird angekündigt. Er / sie / es wird gerufen. __________
2. Ps. Pl. Präteritum Passiv:	__________ __________ Ihr wurdet überholt.
1. Ps. Pl. Perfekt Passiv:	__________ __________ __________

2. Ps. Sg. Plusquamperfekt Passiv:	
3. Ps. Pl. Futur I Passiv:	
1. Ps. Sg. Futur II Passiv:	

2 Unterstreiche bei den Verben *ankündigen, rufen, überholen* die Buchstaben, die das Partizip II kennzeichnen.

3 Erkläre den Unterschied in der Formenbildung dieser drei Verben mit eigenen Worten.

4 Bilde aus folgendem Wortmaterial Sätze im Passiv und gib zusätzlich den Kasus der Nomen sowie das Satzglied (Subjekt oder Objekt?) an

5 Überprüfe anschließend im Lösungsteil und korrigiere gegebenenfalls.

a) Sportlerin – Latte – überspringen

Die Latte wird von einer Sportlerin übersprungen.

Latte: Nominativ; Subjekt

Sportlerin: Dativ; Objekt

b) Springerin – Matte – auffangen

Springerin:

Matte:

c) Erfolg – Zuschauer – bejubeln

Erfolg:

Zuschauer:

d) Anne und Marie – Begeisterung anderer Sportfans – mitreißen

Anne und Marie:

Begeisterung anderer Sportfans:

e) Latte – Kampfrichter – um 2 cm – höher legen

Latte:

Kampfrichter:

f) noch im Wettbewerb befindlich – Sportlerinnen – ihre Anhänger – anfeuern

Sportlerinnen:

Anhänger:

Präsens Passiv gegen Futur I Aktiv abgrenzen

Das Futur I im Aktiv und das Präsens Passiv kann man leicht verwechseln, weil beide Formen mit dem Präsens von *werden* gebildet werden und weil die Partizip-II-Formen mancher Verben sich nur durch die Silbe *-ge-* vom Infinitiv unterscheiden, z.B.:

Futur I Aktiv → Präsens von *werden* + Infinitiv: **Sie wird anrufen.**
Präsens Passiv → Präsens von *werden* + Partizip II: **Sie wird angerufen.**

Futur I Aktiv oder Präsens Passiv? – Die Könige der Leichtathletik

1 Unterstreiche im folgenden Text die Verbformen, die im Präsens Passiv stehen, einfach und die im Futur I Aktiv doppelt.

Beim Zehnkampf werden zehn verschiedene Sportarten aus dem Bereich der Leichtathletik durchgeführt. Die Wettkämpfe werden dabei auf zwei Tage verteilt. Nach dem ersten Tag kann oft nicht gesagt werden, wer am Ende der Sieger sein wird. Von den Sportlern wird ein hohes Maß an Vielseitigkeit verlangt. Dieser Anforderung werden nur wenige gerecht. Ob Laufen, Springen oder Werfen – überall werden gute Leistungen erwartet. Darum ist es schwer zu sagen, ob sich ein Leichtathlet als Zehnkämpfer durchsetzen wird. Für die einzelnen Disziplinen werden jeweils Punkte vergeben. Die Gesamtsumme wird am Ende des zweiten Tages zusammengerechnet. Wer die höchste Punktzahl erzielt hat, wird zum Sieger erklärt. Dabei kann man vorher nicht wissen, wer von den Sportlern alle Disziplinen durchhalten wird. Wegen der großen Herausforderung werden die Zehnkämpfer auch die „Könige der Leichtathletik" genannt.

Aktiv – Passiv

2 Futur I Aktiv oder Präsens Passiv? – Markiere bei folgenden Formen die Erkennungszeichen für Aktiv- bzw. Passivformen.
3 Ordne die Formen in die Tabelle ein und nenne in der jeweiligen Spalte auch das Erkennungszeichen.
4 Überprüfe anschließend mithilfe des Lösungsteils.

ich werde spielen — sie wird stürzen — der Lauf wird gestartet — sie werden umgeworfen

es wird gebaut — du wirst zittern — du wirst rennen

es wird gewertet — ihr werdet klettern — wir werden geehrt — er wird besiegt

ich werde feiern — du wirst gerettet — ihr werdet kämpfen

sie werden überholt — wir werden zuschauen

Futur I Aktiv	Erkennungszeichen	Präsens Passiv	Erkennungszeichen
ich werde spielen	„spielen" = Infinitiv		

Futur I Aktiv und Präsens Passiv bilden – Was beim Wettkampf geschieht

5 Wandle die folgenden Sätze – wie angegeben – entweder in einen Aktivsatz im Futur oder einen Passivsatz um.
6 Unterstreiche im Aktiv- und Passivsatz das Subjekt einfach und das Objekt doppelt. Verbinde jeweils Subjekte und Objekte mit einem Doppelpfeil.

a) Der Startrichter gibt gerade den nächsten Wettbewerb frei.

Präsens Passiv: Der nächste Wettbewerb wird gerade vom Startrichter freigegeben.

b) Die Sportler trainieren die Abläufe viele Wochen im Jahr.

Futur I Aktiv: ______________________________

c) Der Hammerwerfer wirft hoffentlich den Hammer nach mehreren Drehungen sehr weit.

Futur I Aktiv: ______________________________

d) Die Hürdenläufer überspringen in einer Runde mehrere Hürden.

Präsens Passiv: ______________________________

e) Die Speerwerferin wirft den Speer fast in die Zuschauermenge.

Präsens Passiv: ______________________________

7 Forme jeden Satz der folgenden Übung zuerst ins Präsens Passiv und dann ins Futur I Aktiv um.

8 Unterstreiche im neu gebildeten Passiv- und Aktivsatz das Subjekt einfach und das Objekt doppelt. Verbinde jeweils Subjekte und Objekte mit einem Doppelpfeil.

a) Der Kampfrichter misst die Weite des Wurfes.

Präsens Passiv: Die Weite des Wurfes wird vom Kampfrichter gemessen.

Futur I Aktiv: Der Kampfrichter wird die Weite des Wurfes messen.

b) Die Staffelläufer geben den Stab von einem zum anderen weiter.

Präsens Passiv: ______________________________

Futur I Aktiv: ______________________________

c) Die Kampfrichter suchen die Abdrücke der Diskusscheibe.

Präsens Passiv: ______________________________

Futur I Aktiv: ______________________________

d) Im letzten Moment reißt der Springer die Latte noch herunter.

Präsens Passiv: ______________________________

Futur I Aktiv: ______________________________

e) Die spätere Siegerin überrundet eine der anderen Läuferinnen.

Präsens Passiv: ______________________________

Futur I Aktiv: ______________________________

f) Der Gewinner trägt eine Vereinsfahne durch das Stadion.

Präsens Passiv: ______________________________

Futur I Aktiv: ______________________________

Handlungs- und Zustandspassiv

Handlungs- und Zustandspassiv im Überblick

Während beim Handlungspassiv der Ablauf eines Vorgangs beschrieben wird, gibt das Zustandspassiv das Ergebnis eines Vorgangs an.

Aktiv:	Der Bürgermeister eröffnet die Wettkämpfe.
Handlungspassiv:	Die Wettkämpfe werden eröffnet. (Personalform von „werden" + Partizip II)
Zustandspassiv:	Die Wettkämpfe sind eröffnet. (Personalform von „sein" + Partizip II)

Handlungs- und Zustandspassiv bilden – Bewegt sein und bewegt werden

1 Bilde die angegebenen Verbformen im Handlungspassiv.

a) 3. Ps. Sg. Futur II von bringen: er wird gebracht worden sein

b) 1. Ps. Sg. Präteritum von verfolgen: ____________________

c) 3. Ps. Pl. Plusquamperfekt von fangen: ____________________

d) 2. Ps. Sg. Präsens von suchen: ____________________

e) 1. Ps. Pl. Perfekt von fahren: ____________________

f) 2. Ps. Pl. Futur I von sehen: ____________________

2 Bilde die angegebenen Verbformen im Zustandspassiv.

a) 2. Ps. Sg. Präteritum von umzingeln: du warst umzingelt

b) 1. Ps. Pl. Futur von besiegen: ____________________

c) 2. Ps. Pl. Plusquamperfekt von begeistern: ____________________

d) 3. Ps. Sg. Futur II von öffnen: ____________________

e) 1. Ps. Sg. Präsens von blenden: ____________________

f) 3. Ps. Pl. Perfekt von überzeugen: ____________________

Handlungs- und Zustandspassiv erkennen und umwandeln – Weitsprung und Stabhochsprung

3 Kreuze an, ob es sich bei der Handlung um einen Zustand oder einen Vorgang handelt.
4 Unterstreiche anschließend das Handlungspassiv einfach und das Zustandspassiv doppelt.

	Zustand	Vorgang
a) Der Weitsprungwettbewerb wurde bereits vor 20 Minuten angekündigt.	☐	☒
b) Gerade ist die Anlaufbahn für den nächsten Teilnehmer freigegeben.	☐	☐
c) Doch sein Versuch wird als ungültig gewertet.	☐	☐
d) Der folgende Springer ist aufgerufen.	☐	☐
e) Seine Weite wird mit 6,85 m angegeben.	☐	☐
f) Der neue Rekord wird an der Anzeigetafel eingeblendet.	☐	☐
g) Ein sehr gutes Ergebnis ist damit vorgelegt.	☐	☐

Handlungs- und Zustandspassiv

5 Fülle die Tabelle aus, indem du die vorgegebenen Sätze in die jeweils andere Passivform umwandelst.

Handlungspassiv	**Zustandspassiv**
Der nächste Springer wird aufgerufen.	Der nächste Springer ist aufgerufen.
	Der Sand in der Sprunggrube ist glatt gekehrt.
Das Startsignal wird vom Kampfgericht gegeben.	
Das Absprungbrett wird getroffen.	
	Die erzielte Weite ist gemessen.
Das Ergebnis wird an der Tafel angezeigt.	
Die Sprunggrube wird für den nächsten Teilnehmer vorbereitet.	
	Ein neuer Rekord ist aufgestellt.

6 Schau dir die Bilder genau an und formuliere dazu passend jeweils einen Satz in der vorgegebenen Passivart.

a) 

Der Balken ist getroffen.

Art des Passivs: Zustandspassiv

b) 

Art des Passivs: Zustandspassiv

c) 

Art des Passivs: Handlungspassiv

d) 

Art des Passivs: Zustandspassiv

e)

Art des Passivs: Handlungspassiv

f)

Art des Passivs: Zustandspassiv

g)

Art des Passivs: Handlungspassiv

7 Im folgenden Text findest du mehrere Sätze im Passiv. Unterstreiche die Sätze im Handlungspassiv einfach und die im Zustandspassiv doppelt.

Dominik und seine Mutter schauen sich den Stabhochsprungwettbewerb an. Wie auch das Kugelstoßen oder Diskuswerfen wird der Stabhochsprung zu den technischen Disziplinen gezählt. Der Sportler ist dabei durch das Zusammenspiel von Kraft, Schnelligkeit und Beherrschung des Stabes besonders gefordert. Die Stäbe werden in unterschiedlichen Härtegraden angefertigt. Schon die richtige Auswahl kann über Sieg oder Niederlage entscheiden. Die zu überspringende Latte wird während des Wettbewerbs stufenweise erhöht. Dominik hält den Atem an. Gerade wurde die Latte von einem Springer leicht berührt. Sie bewegte sich, ist aber liegen geblieben. Der Sprung ist gültig gewertet. Die Anlaufbahn ist für den nächsten Teilnehmer freigegeben. Doch der hat weniger Glück. Die nötige Höhe ist nicht erreicht. Die Latte wird von der Halterung gerissen. Der Anlauf war offensichtlich falsch berechnet. Vielleicht wird ihm der nächste Versuch gelingen.

Handlungs- und Zustandspassiv

8 Schreibe die Sätze aus dem Text im Zustandspassiv auf die vorgesehenen Linien und wandle sie ins Handlungspassiv um. Unterstreiche jeweils die Verbform.

a) Zustandspassiv: Der Sportler ist dabei durch das Zusammenspiel von Kraft, Schnelligkeit und Beherrschung des Stabes besonders gefordert.

Handlungspassiv: Der Sportler wird dabei durch das Zusammenspiel von Kraft, Schnelligkeit und Beherrschung des Stabes besonders gefordert.

b) Zustandspassiv: ______________________

Handlungspassiv: ______________________

c) Zustandspassiv: ______________________

Handlungspassiv: ______________________

d) Zustandspassiv: ______________________

Handlungspassiv: ______________________

e) Zustandspassiv: ______________________

Handlungspassiv: ______________________

9 Hast du den Überblick? Dann kreuze die richtige Antwort an:

	richtig	falsch
a) Das Futur I Aktiv wird mit *werden* + Partizip II gebildet.	☐	☐
b) Das Futur I Aktiv wird mit *werden* + Infinitiv gebildet.	☐	☐
c) Das Präsens Passiv wird mit *werden* + Infinitiv gebildet.	☐	☐
d) Das Präsens Passiv wird mit *werden* + Partizip II gebildet.	☐	☐
e) Im Passivsatz wird das Subjekt des Aktivsatzes zum Objekt.	☐	☐
f) Im Passivsatz wird das Objekt des Aktivsatzes zum Subjekt.	☐	☐
g) Zustands- und Handlungspassiv sind sowohl in den Formen	☐	☐
als auch in der Aussage identisch.	☐	☐
h) Zustands- und Handlungspassiv unterscheiden sich sowohl in der Form als auch in der Aussage.	☐	☐

Konjunktiv I und II

Modi des Verbs

Mit *Modus* bezeichnet man die Aussageweise des Verbs. Er gibt an, ob ein Geschehen als wirklich oder unwirklich, möglich oder unmöglich anzusehen ist. Die deutsche Sprache kennt verschiedene Modi. Neben dem Imperativ (Befehlsform) und dem Indikativ (Wirklichkeitsform) gibt es die Konjunktive I und II (Wiedergabeform und Möglichkeitsform).

Formenübersicht

Tempus	Indikativ *Wirklichkeitsform*	Konjunktiv I *Wiedergabeform*	Konjunktiv II *Möglichkeitsform*
Präsens	er gibt	er gebe	er gäbe
Perfekt	er hat gegeben	er habe gegeben	er hätte gegeben
Futur	er wird geben	er werde geben	er würde geben

Konjunktiv II

Der Konjunktiv II wird verwendet, um auszudrücken, dass ein Sachverhalt unmöglich oder eventuell möglich ist.

Der Konjunktiv II wird vom Indikativ Präteritum abgeleitet. Die Vokale a, o und u werden bei den unregelmäßigen (oder starken Verben) zu den Umlauten ä, ö und ü.

er gab → er gäbe   sie log → sie löge   er trug → er trüge

Die Konjunktiv-II-Formen der regelmäßigen (auch: schwachen) Verben lauten im Präsens gleich mit den Formen des Indikativs Präteritum. Damit man sie mit diesen nicht verwechselt, verwendet man Ersatzformen aus würde + Infinitiv.

Tempus	Konjunktiv II (Möglichkeitsform)			Ersatzformen mit „würde"
Präsens	es gäbe	sie lachte	er tanzte	(es würde geben) sie würde lachen er würde tanzen
Perfekt	es hätte gegeben	sie hätte gelacht	er hätte getanzt	(es würde gegeben haben) (sie würde gelacht haben) (er würde getanzt haben)
Futur	es würde geben	sie würde lachen	er würde tanzen	—

Formen des Konjunktivs II erkennen – Vorwürfe und späte Einsichten

1 Fülle die Lücken in der Tabelle aus, indem du zunächst entscheidest, ob es sich um ein unregelmäßiges (starkes) oder regelmäßiges (schwaches) Verb handelt, und die angegebenen Formen bildest.

Infinitiv	Indikativ Prät. 3. Ps. Pl.	Verb regelmäßig/ unregelmäßig	Ersatzform nötig? Ja	Nein	Konjunktiv II 3. Ps. Pl. Prät.
sagen	sie sagten	regelmäßig	X		sie würden sagen
kommen					

Konjunktiv I und II

singen				
können				
hüpfen				
kämpfen				

2 Unterstreiche in den folgenden Sätzen die Verbformen im Konjunktiv II und gib den Infinitiv an.

3 Kontrolliere anschließend mithilfe des Lösungsteils.

a) Wenn wir den Korb häufiger *träfen*, so *gewännen* wir das Basketballspiel. treffen, gewinnen

b) Unser Selbstvertrauen wäre größer.

c) Wenn wir weniger foulen würden, erhielte die gegnerische Mannschaft weniger Freiwürfe.

d) Wir würden mehr Treffer durch Weitwürfe erzielen.

e) Unser Punktekonto würden wir schneller vergrößern.

f) Wenn wir ehrlich wären, würden wir die Schuld an dem schlechten Punktestand bei uns suchen.

Formen des Konjunktivs II bilden – 1000 Wünsche

1 Bilde das Präteritum und den Konjunktiv II. Achte bei Formengleichheit darauf, die Ersatzform zu verwenden. Kontrolliere anschließend mithilfe des Lösungsteils.

a) sie kommen → sie kamen → sie kämen

b) ich laufe → →

c) ihr nehmt → →

d) du pfeifst → →

e) wir ziehen → →

f) er tritt über → →

g) sie treffen → →

h) ich sehe → →

i) sie ruft → →

2 Bilde mit den Verben aus Aufgabe 1 drei Wunschsätze:

Käme die gegnerische Mannschaft doch heute ein wenig später!

3 Vervollständige die folgenden Sätze mithilfe der Angaben.

a) Wenn heute Mittwoch wäre, hätte ich heute Training.

(Training – ich – haben)

b) Wäre er aufmerksamer gewesen, ______

______ (er – sehen – den freien Mitspieler)

c) Wenn ich einen Basketballkorb an der Hauswand hätte, ______

______ (ich – üben – häufiger)

d) Wenn ich jedoch an der Hauswand üben würde, ______

______ (unser Nachbar – begeistert sein – wenig)

e) Wäre das Basketballfeld auf dem Schulhof nicht ständig von Größeren belegt, ______

______

(ich – mit meinen Freunden – üben können – dort)

4 Vervollständige folgende Sätze. Ein Tipp: In einem der vorgegeben Sätze könnte man auch die Ersatzform verwenden. Kreuze diesen Satz an.

a) Wenn ich genauer zielen würde, dann träfe ich den Korb.

b) Wenn der Schiedsrichter das Foul nicht übersähe, ______

______

c) Wenn unser Passspiel schneller funktionieren würde, ______

______

d) Konzentrierte ich mich mehr, ______

______

e) Wäre unser bester Spieler in Topform, ______

______

f) Hätte ich weniger Angst vor dem Gegner, ______

______

5 Wandle folgende „Wortfetzen“ in den Konjunktiv II um. Schreibe in der Ich-Form und beginne mit der linken Gedankenblase.

a) 5 Körbe mehr → bester Korbwerfer

b) kein böses Foul → keine Strafzeit

c) Zuspiel genauer → Angriffe erfolgreicher

d) konsequenter verteidigt → weniger Korbwürfe meines Gegners

e) besser aufgepasst → mehr Bälle abgefangen

f) keine Müdigkeitserscheinungen → nicht ausgewechselt

a) Hätte ich 5 Körbe mehr erzielt, wäre ich bester Korbwerfer geworden.

b) ______________________________

____

Korrektur: ______________________________

c) ______________________________

____

Korrektur: ______________________________

d) ______________________________

____

Korrektur: ______________________________

e) ______________________________

____

Korrektur: ______________________________

f) ______________________________

____

Korrektur: ______________________________

Konjunktiv I und II

Sätze mit dem Konjunktiv II bilden – Verpasste Chancen!

1 Setze die Formen des Konjunktivs II ein.

a) Der Platz ______ trockener und damit leichter bespielbar ______ (sein können).

b) Der Ball ______ anders ______ ______ (aufspringen sollen).

c) Julians Aufschlag ______ fast noch im Feld ______ (landen).

d) Anna Lenas Return ______ beinahe noch zu lang ______ ______ (sein).

e) Mit einem weiteren Punkt ______ Julian sein Aufschlagspiel ______ (gewinnen) und den Satz für sich ______ ______ (entscheiden).

f) Anna Lena ______ näher an das Netz ______ ______ (herankommen müssen).

g) Julian ______ nicht mit diesem Schlag von Anna Lena ______ ______ (hatte gerechnet).

h) Beinahe ______ Anna Lena ihren zweiten Aufschlag ins Aus ______ (schlagen).

2 Bilde aus den folgenden Angaben Wunsch- oder Bedingungssätze im Konjunktiv II. Entscheide selbst, welche Art am besten passt.

a) doch – kurz hinter dem Netz – Julian – den Stoppball – erreichen

Hätte Julian doch den Stoppball kurz hinter dem Netz erreicht!

b) Julians Vorhandball – zurückschlagen können – ihr – Anna Lena – der Punkt – sicher sein

______

______

Korrektur: ______

c) diesen Ball – mit der Rückhand – Julian – nur – schlagen – besser – ach – doch

______

______

Korrektur: ______

d) nicht so nah – Anna Lena – rechnen – mit einem Überkopfball – ans Netz – gehen – sie

Korrektur:

e) Julians Return – berühren – nicht mehr – die Netzkante – erreichen können – der Ball – Anna Lena

Korrektur:

3 Gehe vor wie in Aufgabe 2.

a) doch – erlaufen – von Julian – der Stoppball – noch – Anna Lena

Korrektur:

b) Julian – schlagen – landen – der Ball – noch – im Feld – nicht so hart – er

Korrektur:

c) sein erstes Break – schaffen – ein Ass – Julian – beim Aufschlag – gelingen – ihm

Korrektur:

d) Anna Lena – das Spiel – gelingen – ein guter erster Aufschlag – häufiger – vermutlich – sie – gewinnen

Korrektur:

Konjunktiv I und II

Konjunktiv I

Der Konjunktiv I wird vom Infinitiv- bzw. Präsensstamm des Verbs gebildet, indem an den Wortstamm in der 3. Ps. Sg. -e, in der 2. Ps. Sg. -est und in der 2. Ps. Pl. -et angehängt wird.

geb-en	→ er geb-e	seh-en	→ er seh-e	kauf-en	→ er kauf-e
	→ du geb-est		→ du seh-est		→ du kauf-est
	→ ihr geb-et		→ ihr seh-et		→ ihr kauf-et

Ersatzformen

In der 1. Ps. Sg. (*ich*), in der 1. u. 3. Ps. Pl. (*wir, sie*) ist der Konjunktiv I nicht vom Indikativ zu unterscheiden, daher verwendet man hier den Konjunktiv II als Ersatzform (*ich gäbe, wir würden kaufen*).

Beispiele:

3. Ps. Pl. Ind. Präs.	3. Ps. Pl. Konj. I	→ Ersatzform (Konj. II)
wir laufen	wir laufen (Formengleichheit)	→ wir würden laufen

Die **indirekte Rede** ist eine Möglichkeit, eine Äußerung wortlautnah wiederzugeben. Durch die Verwendung des Konjunktivs drückt der Sprecher aus, dass er sich neutral zum Inhalt des Geäußerten verhält. Zur Bildung der indirekten Rede verwendet man einen zweiten Hauptsatz. Die Verwendung der Konjunktion „dass" ist nicht notwendig, da man schon durch die Verwendung des Konjunktivs deutlich macht, dass man die Rede eines anderen wiedergibt.

Beispiele:

Direkte Rede: Michael: „Ich gehe ins Kino."
Indirekte Rede: Michael sagt, er gehe ins Kino. (zweiter Hauptsatz)

Konjunktivformen erkennen und bilden – Bewegungen beim Handball

1 Fülle die Lücken in der Übersicht aus.

Infinitiv	3. Ps. Sg. Indikativ Präsens	3. Ps. Sg. Konjunktiv I
reden	er redet	(sie meint,) er rede
laufen	er läuft	(sie meint,) er laufe
suchen		(sie meint,)
springen		(sie meint,)
finden		(sie meint,)
gehen		(sie meint,)

2 Fülle die Lücken in der Tabelle aus. Achte darauf, bei Formengleichheit die Ersatzform (Konj. II) zu bilden.

Indikativ Präsens	Konjunktiv I		Ersatzform (Konjunktiv II)
ich nehme	ich nehm-e	→	ich nähme
du nimmst	du nehm-est		
er nimmt	er nehm-e		
wir nehmen	wir nehm-en	→	wir nähmen
ihr nehmt	ihr nehm-et		
sie nehmen	sie nehm-en	→	sie nähmen
ich sehe			
du siehst			
er sieht			
wir sehen			
ihr seht			
sie sehen			
ich siege			
du siegst			
er siegt			
wir siegen			
ihr siegt			
sie siegen			
ich hole			
du holst			
er holt			
wir holen			
ihr holt			
sie holen			

Konjunktiv I und II

3 Entscheide, ob die Konjunktiv-I-Form eindeutig ist oder nicht. Bilde gegebenenfalls die Ersatzform.

	Konjunktiv I	Ersatzform nötig? Ja	Ersatzform nötig? Nein	Ersatzform (Konj. II)
a)	wir laufen	X		wir würden laufen
b)	sie verlieren			
c)	sie möge			
d)	ich beende			
e)	du treffest			
f)	wir spielen			
g)	ihr erkläret			

4 Suche aus dieser Wörterschlange Verbformen und die dazugehörigen Personalpronomen heraus und umrahme sie.
- Ordne sie anschließend in die Tabelle ein.
- Überprüfe deine Ergebnisse im Lösungsteil und berichtige gegebenenfalls.

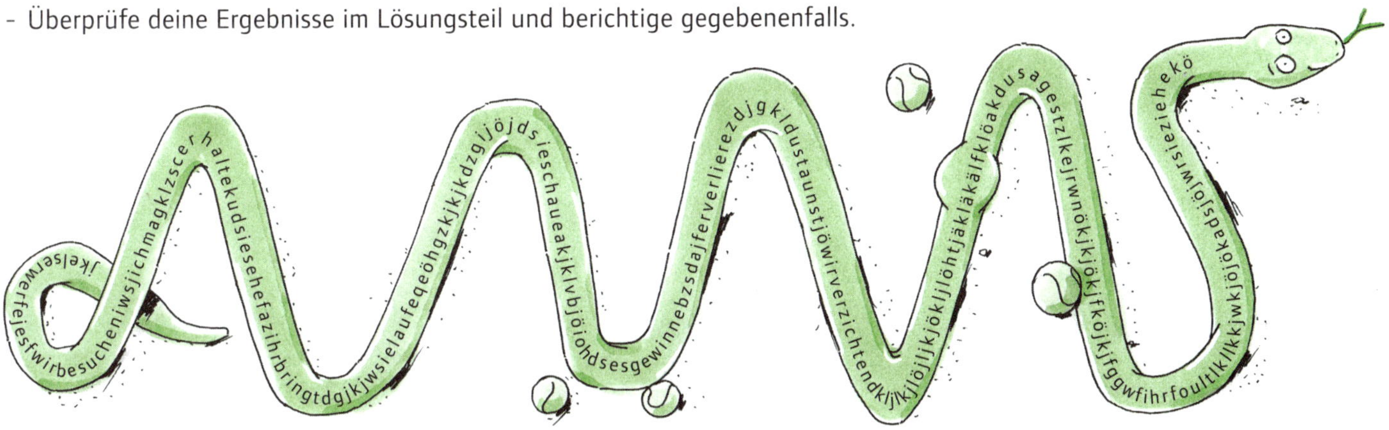

Indikativ	Konjunktiv I oder Ersatzform
	er werfe

Indirekte Rede I: Konjunktivformen einsetzen – Vor dem Handballtraining

Bei der Umwandlung von direkter in indirekte Rede ändert sich das Personalpronomen, wenn die direkte Rede nicht in der 3. Person steht.

Bsp.: Andreas: „**Ich** esse am liebsten Nudeln".
Andreas sagt, **er** esse am liebsten Nudeln.

1 Unterstreiche die Personalpronomen, die sich ändern, in unterschiedlichen Farben. Fülle die Lücken, indem du die passende Verbform einsetzt.

a) Stefanie sagt: „Heute komme ich zum Handballtraining."

Stefanie sagt, sie komme heute zum Handballtraining.

b) Kathrin hofft: „Hoffentlich laufen wir nicht wieder so viele Runden."

Kathrin hofft, sie ______ nicht so viele Runden ______.

c) Stefanie meint: „Es ist ziemlich warm."

Stefanie meint, es ______ ziemlich warm.

d) Kathrin sagt: „Ich werde meine Technik beim Absprung verbessern."

Kathrin sagt, sie ______ ihre Technik beim Absprung ______.

2 Gehe vor wie in Aufgabe 1.

a) Stefanie stellt fest: „Wir leisten beim Training eine ganze Menge."

Stefanie stellt fest, sie ______ beim Training eine ganze Menge ______.

b) Kathrin erwidert: „Einige müssen aber noch an ihrer Kondition arbeiten."

Kathrin erwidert, einige ______ aber noch an ihrer Kondition ______.

c) Stefanie meint: „Ich freue mich schon auf das Siebenmeterwerfen."

Stefanie meint, sie ______ schon auf das Siebenmeterwerfen.

d) Kathrin sagt: „Leider trete ich oft in den Kreis."

Kathrin sagt, sie ______ leider oft in den Kreis.

Indirekte Rede II: Wörtliche in indirekte Rede umwandeln – Experten unter sich

1 Wandle nun die wörtliche Rede in die indirekte Rede um und ergänze die Verben der Redeeinleitung.

2 Kontrolliere deine Ergebnisse und berichtige gegebenenfalls.

a) Stefanie meint: „Dann empfiehlt es sich, besonders zu üben."

Stefanie meint, es empfehle sich dann, besonders zu üben.

b) Kathrin antwortet: „Du klingst schon wie unsere Trainerin."

Korrektur:

c) Stefanie erwidert: „Und Recht habe ich trotzdem."

Korrektur:

d) Kathrin verabschiedet sich: „Ich sehe dich dann nachher bei uns zu Hause."

Korrektur:

e) Stefanie verspricht: „Auf dem Weg zur Sporthalle komme ich bei dir vorbei."

Korrektur:

f) Kathrin sagt: „Ich warte auf dich."

Korrektur:

3 Wandle die wörtliche Rede in indirekte Rede um.

Kathrin erzählt Stefanie von der letzten Trainingsstunde:
„Sei froh, dass du beim letzten Training nicht dabei warst. Zuerst mussten wir zum Lauftraining nach draußen, obwohl es doch leicht geregnet hatte. Beim Siebenmeterwerfen war ich so unkonzentriert, dass mir viele Fehlwürfe passierten. Das Trainingsspiel hat überhaupt keinen Spaß gemacht. Mit Annette und ihrem unfairen Spiel wird es immer schlimmer. Tanja wurde von ihr so heftig attackiert, dass sie wegen Nasenblutens nicht weiterspielen konnte. Die Trainerin hat Annette gedroht, sie beim nächsten Mal auszuschließen. Aber da war unsere Laune schon auf dem Tiefpunkt. Wenn sie heute wieder so spielt, wollen wir anderen streiken. Ich hoffe, du machst mit."

Indirekte Rede III: Konjunktive in verschiedenen Tempusformen erkennen

1 Umrahme die Verbformen im Konjunktiv und kreuze an, welches Tempus vorliegt.

	Konjunktiv		
	Perfekt	Präsens	Futur
a) Stefanie ist überzeugt, sie habe sich bei den letzten Handballmeisterschaften einige Tricks für ihre Technik abgeschaut.	☒	☐	☐
b Die Trainerin meint, das werde man erst noch sehen.	☐	☐	☐
c) Kathrin klagt, sie habe heute keine Lust zum Aufwärmen.	☐	☐	☐
d) Die Trainerin sagt jedoch, Kathrin müsse unbedingt ein paar Übungen machen.	☐	☐	☐
e) Kathrin erwidert, sie habe sich schon zu Hause aufgewärmt.	☐	☐	☐
f) Die Trainerin teilt Stefanie mit, sie werde beim nächsten Spiel von Beginn an spielen.	☐	☐	☐
g) Stefanie hingegen meint, sie werde wegen einer Familienfeier beim nächsten Spiel leider fehlen.	☐	☐	☐

Konjunktive in verschiedenen Zeiten bilden

2 Bilde die angegebenen Verbformen und kreuze an, ob eine Ersatzform nötig ist.

		Ersatzform nötig? Ja	Nein
Konj. I Perfekt		☐	☐
Konj. I Präsens	es gelinge	☐	☐
Konj. I Futur		☐	☐
Konj. I Perfekt	wir seien gelaufen	☐	☐
Konj. I Präsens		☐	☐
Konj. I Futur		☐	☐
Konj. I Perfekt		☐	☐
Konj. I Präsens		☐	☐
Konj. I Futur	er werde üben	☐	☐
Konj. I Perfekt	sie habe gefeiert	☐	☐
Konj. I Präsens		☐	☐
Konj. I Futur		☐	☐
Konj. I Perfekt		☐	☐
Konj. I Präsens	sie würden aufholen	☐	☐
Konj. I Futur		☐	☐
Konj. I Perfekt	sie sei gesprungen	☐	☐
Konj. I Präsens		☐	☐
Konj. I Futur		☐	☐

3 Forme ins Perfekt um und kreuze an, ob eine Ersatzform nötig war.

		Ersatzform nötig? Ja	Ersatzform nötig? Nein
a) er sah →	er habe gesehen	☐	☒
b) sie isst →		☐	☐
c) wir siegen →		☐	☐
d) er wird sich freuen →		☐	☐
e) er kann spielen →		☐	☐
f) sie laufen →		☐	☐
g) du brachtest →		☐	☐
h) ich konnte schlafen →		☐	☐

Die Tempusfolge in der indirekten Rede anwenden – Tipps einer Trainerin

Tempusfolge in der indirekten Rede		
übergeordneter Satz Wiedergabesatz	**zeitliches Verhältnis zum Sprechzeitpunkt**	**Konjunktiv I**
Frank sagte (sagt …), die Sonne habe geschienen. (Die Sonne schien, <u>bevor</u> Frank redete.)	vorzeitig	Perfekt
Frank sagte (sagt …), die Sonne scheine. (Die Sonne scheint, <u>während</u> er redet.)	gleichzeitig	Präsens
Frank sagte (sagt …), die Sonne werde scheinen. (Die Sonne wird scheinen, <u>nachdem</u> er geredet hat.)	nachzeitig	Futur

Das Tempus des Nebensatzes ist unabhängig von dem Tempus, in dem der übergeordnete Satz steht.

1 Unterstreiche die Konjunktiv-Tempora in unterschiedlichen Farben.
2 Schreibe sie – nach Zeiten sortiert – unter den Text.

Sabine, Kathrin und Stefanie stehen in einer Pause zusammen. Sabine erzählt, sie habe sich gestern neue Turnschuhe gekauft. Sie fragt die anderen, ob sie sie ihnen zeigen solle. Die anderen beiden sind begeistert. Kathrin meint, die Farbe gefalle ihr besonders gut. Wenn ihre Eltern einverstanden seien, werde sie sich auch solche Schuhe kaufen, verkündet Stefanie. Darum möchte sie wissen, wie viel Geld man dafür ausgeben müsse. Gute Schuhe hätten halt ihren Preis, sagt Sabine nur dazu. Da werde sie wohl bis zu ihrem Geburtstag warten müssen, seufzt Stefanie. Die Trainerin sei schon gekommen, ruft Kathrin, und das Training werde gleich weitergehen.

Perfekt: sie habe sich gekauft

Präsens: ______

______

Futur: ______

______

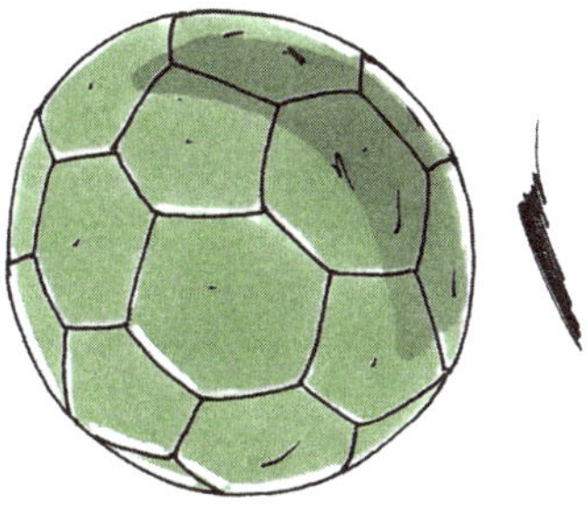

3 Stelle fest, welche Tempusfolge in den einzelnen Sätzen gegeben ist: Vor-, Gleich- oder Nachzeitigkeit? Orientiere dich dabei am Sprechzeitpunkt der Trainerin. Unterstreiche in drei verschiedenen Farben.

4 Ergänze die Lücken mit der richtigen Konjunktivform.

5 Kontrolliere anschließend und berichtige gegebenenfalls auf den Korrekturzeilen.

a) Die Trainerin fordert, im heutigen Handballtraining komme es vor allem auf Kraft und Schnelligkeit an (ankommen). Tempusfolge: gleichzeitig

b) Technik und Ausdauer ______ demnächst eine ebenso große Rolle ______ (spielen). Tempusfolge: ______

c) Darum ______ dies in der Gruppe verstärkt ______ (trainieren). Tempusfolge: ______

d) Ohne solche Maßnahmen ______ noch kein Sportler dauerhaft ______ ______ (Erfolg haben). Tempusfolge: ______

e) Dazu ______ (gehören) auch das unbeliebte Dauerlauftraining. Das anstehende Techniktraining ______ sicher nicht immer ______ (spannend sein). Tempusfolge: ______

f) Doch der Spaß ______ nicht zu kurz ______ (kommen). Tempusfolge: ______

g) Darauf ______ sie ______ (achten). Tempusfolge: ______

h) Die älteren Gruppen ______ früher immer gern zum Training ______ (kommen). Tempusfolge: ______

i) Alle ______ ihre Freude am Sport ______ (entdecken). Tempusfolge: ______

j) Die Erlebnisse bei den Handballmeisterschaften ______ ein Ansporn ______ (sein). Tempusfolge: ______

k) Viele ______ sehr begeistert davon ______ (erzählen). Tempusfolge: ______

l) Doch auch die Profis ______ hart ______ (trainieren).

Tempusfolge: ______

m) Vielleicht ______ eines Tages einer oder ein Teil von ihnen an einer solchen Meisterschaft ______ (teilnehmen). Tempusfolge: ______

Korrekturzeilen: ______

______

______

______

______

6 Ergänze die Lücken mit der richtigen Konjunktivform. Achte vor allem auf zweiteilige Verbformen.

Stefanies Bruder Sebastian und sein Freund Frederik spielen in ihrer Freizeit am liebsten Basketball. Sebastian meint, ihm gefalle (gefallen) am Basketball vor allem, dass das Spiel schnell und abwechslungsreich sein könne (sein können). Frederik findet, Basketballspieler ______ über ein gutes Auge ______ (verfügen sollen). Das ______ er auch beim letzten Spiel seiner Mannschaft ______ (sehen). Oft ______ er auch aus weiterer Entfernung den Korb ______ (treffen müssen), um nicht in Rückstand zu geraten. Das ______ ihm aber nicht immer ______ (gelingen). Frederik meint, er ______ bei den nächsten Trainingseinheiten mehr Freiwürfe ______ (trainieren). Er ______ nun ______ (erkennen), dass die dadurch erzielten Treffer je nach Spielverlauf entscheidend ______ (sein können). Darum ______ er es seinem Trainer leichter ______ (machen) und nicht mehr soviel ______ (meckern).

Sebastian stimmt ihm zu. Er findet es schwierig, dass man mit dem Ball in der Hand nicht mehr als drei Schritte ______ (laufen dürfen). Außerdem ______ er es nicht ______ (gut finden), dass beim letzten Spiel einige Fouls ______ (geschehen). Beide sind sich einig, dass die Spieler bei dieser Ballsportart auf eine besonders faire Spielweise ______ (achten sollen).

Teste dein Können!

1 Bestimme, um welche Verbform es sich jeweils handelt. Kreuze an.

Verbform	Bestimmung		Korrektur
du hast gesiegt	2. Ps. Pl. Ind. Perfekt Aktiv	☐	☐
	2. Ps. Sg. Ind. Futur I Aktiv	☐	☐
	2. Ps. Sg. Ind. Perfekt Aktiv	☒	☐
wir werden loben	1. Ps. Pl. Ind. Futur I Aktiv	☐	☐
	3. Ps. Pl. Konj. Präsens Aktiv	☐	☐
	1. Ps. Pl. Ind. Präteritum Passiv	☐	☐
ich wurde überholt	1. Ps. Sg. Ind. Präsens Passiv	☐	☐
	1. Ps. Sg. Ind. Präteritum Passiv	☐	☐
	1. Ps. Pl. Konj. Präteritum Aktiv	☐	☐
sie werde jagen	3. Ps. Sg. Ind. Futur I Aktiv	☐	☐
	2. Ps. Sg. Konj. Präsens Passiv	☐	☐
	3. Ps. Sg. Konj. Futur I Aktiv	☐	☐
sie waren gefangen worden	3. Ps. Pl. Ind. Präteritum Passiv	☐	☐
	3. Ps. Pl. Ind. Plusquamp. Passiv	☐	☐
	3. Ps. Pl. Ind. Perfekt Aktiv	☐	☐
er habe gerufen	3. Ps. Sg. Konj. Perfekt Aktiv	☐	☐
	3. Ps. Sg. Ind. Perfekt Aktiv	☐	☐
	3. Ps. Sg. Konj. Präsens Aktiv	☐	☐
ihr werdet gehört haben	2. Ps. Sg. Ind. Präsens Passiv	☐	☐
	2. Ps. Pl. Ind. Futur II Aktiv	☐	☐
	2. Ps. Pl. Ind. Futur I Aktiv	☐	☐
du ziehest	2. Ps. Sg. Konj. Präsens Aktiv	☐	☐
	3. Ps. Sg. Konj. Futur I Aktiv	☐	☐
	2. Ps. Sg. Ind. Präsens Aktiv	☐	☐

2 Wandle die wörtliche Rede in indirekte Rede um. Ergänze die Verben der Redeeinleitung und achte auf die Zeitenfolge.

a) Tom (gestern): „Ich gehe ins Kino".

Tom sagte, er werde ins Kino gehen.

b) Frank (gestern): „Ich war schon lange nicht mehr dort."

c) Tom: „Willst du mit mir ins Kino gehen?"

d) Tom: „Der Film wird um 17.30 Uhr beginnen".

f) Frank: „Gerne werde ich mitkommen."

3 Bilde aus folgendem Wortspeicher verschiedene Bedingungssätze.

ich – keinen Strafpunkt – bekommen – erzielen können – wir – in der Tabelle – auf den Boden – ~~froh sein~~ – bekommen – den Schläger – ~~wenn~~ – unser Torwart – ~~das Spiel~~ – nicht – gesund sind – das letzte Spiel – wir – ~~ich~~ – ~~gewinnen~~ – wenn – besser – wenn – alle Stammspieler – bessere Ergebnisse – stehen – zwei Plätze höher – ich weniger Gegentore – spielen – wir – werfen – wir – nicht verloren – ~~ich~~ – nicht

a) Wenn ich das Spiel gewonnen hätte, wäre ich froh.

b)

c)

d)

e)

Wiederholung: Attribute

Attribute sind keine Satzglieder, sondern Satzgliedteile, da man sie mithilfe der Umstellprobe nicht einzeln verschieben kann. Attribute haben die Aufgabe, innerhalb eines Satzglieds ein Bezugswort näher zu beschreiben oder eindeutiger zu bestimmen. Am häufigsten kommen das Adjektivattribut sowie der Attributsatz vor. Attributsätze haben oft die Form von Relativsätzen.

Adjektivattribut: Der schöne Abend soll nie zu Ende gehen.
Attributsatz: Der Abend, der schön war, nahm ein überraschendes Ende.

Neben dem Adjektivattribut und den Attributsätzen gibt es weitere Erscheinungsformen:

Genitivattribut: Zum Bezugswort tritt ein weiteres Nomen im Genitiv.
→ Das war die Hupe *des Krankenwagens*.

Adverbiales Attribut: Zum Bezugswort tritt ein Adverb.
→ Das Skateboard *da drüben* gehört mir.

Präpositionalausdruck: Attribute werden mit einer Präposition an das Bezugswort angeschlossen.
→ Das Haus *neben uns* wird verkauft.

Apposition: Eine Beifügung zum Bezugswort wird nachgestellt.
→ Seine Schwester, *ein hübsches Mädchen*, kam zu uns.

Adjektivattribute und Attributsätze erkennen – Unterschiedliche Ferienziele

1 Unterstreiche die Adjektivattribute blau.
2 Unterstreiche die Attributsätze grün.

Julia, Hendrik, Annika, Sebastian und Achim aus der Klasse 8a stehen auf dem Pausenhof zusammen. Bald gibt es Ferien und die Freunde unterhalten sich darüber, wie sie diese verbringen wollen.

Julia: Ich freue mich schon auf meine Reiterferien, die bald beginnen. Gestern habe ich mir dafür eine neue Reiterhose gekauft.

Hendrik: Reiten werde ich in den Ferien sicherlich nicht. Aber auf mich und mein Rennrad wartet ein anstrengendes Trainingslager in Italien.

Annika: Dazu wäre ich zu faul. Ich werde nach Portugal fliegen und jeden Tag ein ausgiebiges Sonnenbad nehmen. Der einzige, der mich dann stören darf, ist der Kellner, der mir ein kühles Getränk serviert.

Sebastian: Puh, das hört sich aber langweilig an. Da ist mir ein schwieriger Klettersteig lieber. Ich werde die Ferien in der Schweiz verbringen, das mein liebstes Urlaubsland ist.

Achim: Weder Sport noch Liegestuhl allein werden meine Ferien bestimmen. Ich fliege mit meiner Familie nach Griechenland. Dort werden wir antike Stätten besuchen, die jeder kennt, und viele interessante Ausflüge unternehmen.

Attribute von Adverbialien unterscheiden – Wellenreiten in Portugal

Umstell- und Frageprobe

Die Umstell- und die Frageprobe können dir bei der Entscheidung helfen, ob ein Attribut oder ein Adverbiale vorliegt. Da das Adverbiale ein eigenständiges Satzglied ist, kann es alleine umgestellt werden. Das Attribut hingegen ist ein Teil eines Satzgliedes und kann sich nicht alleine bewegen.
Die Frageprobe dient vor allem dazu, modale Adverbialien mithilfe der Frage „Wie?“ aufzuspüren.

Beispiel: Die Sieger jubelten laut. → Wie jubelten die Sieger? Laut. (Adverbiale der Art und Weise)

3 Trenne die Satzglieder im folgenden Text durch Schrägstriche voneinander ab. Unterstreiche dann die Genitivattribute mit blauer Farbe.

Portugal / ist / das südwestlichste Land Europas. Wie viele andere Länder des Südens bietet es Sonne, Meer und Strand. Eine Besonderheit des Landes ist, dass die Küsten an den Atlantik grenzen. Dadurch gibt es – im Gegensatz zu den Küsten des Mittelmeeres – deutlich spürbare Gezeiten. Die See ist rauer, die Windstärke höher, das Wasser kälter. Deshalb kann man zum Baden nicht einfach ins Wasser springen, sondern man muss auf die Farben der Flaggen an den Stränden und die Anweisungen der Rettungsschwimmer achten.

4 Rahme die Adjektivattribute ein. Unterstreiche die Appositionen mit grüner Farbe und ziehe einen Pfeil zum Bezugswort.

Der höhere Wellengang hat aber auch einen gesteigerten Reiz. Fans von Sportarten wie Surfen und Wellenreiten, sie lieben die portugiesische Atlantikküste, kommen hier besonders auf ihre Kosten. Zahlreiche Kurse und Wettkämpfe laden Sportler aus der ganzen Welt ein, um ihre Fähigkeiten zu messen. Ihre Kunststücke, oft ausgefallen und gefährlich, zeigen sie gerne. Sie genießen es, von den jubelnden Zuschauern am Strand umgeben zu sein. Dieses Gefühl der Anerkennung spornt sie weiter an und treibt sie zu Höchstleistungen. Wem solcher Trubel dort zu viel ist und wer lieber in Ruhe schwimmen möchte, sollte eine der vielen kleinen Buchten, oft einsam gelegen und windgeschützt, wählen.

5 Entscheide, welche Attribute in folgenden Sätzen vorliegen. Unterstreiche das Attribut, zeichne einen Pfeil zum Bezugswort und kreuze das entsprechende Kästchen an. Manchmal kommen mehrere Attribute vor.

	Gen.A.	Adj.A.	Adv.A.	Präp.A.	Apposition
a) Der lächelnde Verkäufer kam mir entgegen.	☐	☒	☐	☐	☐
b) Der Rettungsschwimmer dort kann uns bestimmt weiterhelfen.	☐	☐	☐	☐	☐
c) Der Strand, wunderschön und ruhig gelegen, lädt zum Sonnenbaden ein.	☐	☐	☐	☐	☐
d) Das rote Surfbrett hinter dem Kiosk ist leider kaputt.	☐	☐	☐	☐	☐

e) Der Junge neben mir will auch surfen lernen.	☐	☐	☐	☐	☐
f) Der Wind, stark und aufbrausend, hindert uns daran.	☐	☐	☐	☐	☐
g) Die Freude des Siegers war ungetrübt.	☐	☐	☐	☐	☐

Attributsätze von Gliedsätzen unterscheiden – Griechenland erleben

6 Unterstreiche die Nebensätze. Wähle für Adverbialsätze die Farbe Grün und für Attributsätze die Farbe Blau.

Ein lohnenswertes Ziel einer Griechenlandrundfahrt ist das antike Olympia, das die Wiege der Olympischen Spiele darstellt. Die Erhaltung des wertvollen Kulturerbes von Olympia wird dadurch erschwert, dass die Region Epiros eine Erdbebenregion ist. Der Tunnel, durch den man in das Stadion gelangte, ist heute noch erhalten. Früher kämpften Sportler in dieser Arena um die Ehre. Obwohl diese Zeit schon lange vorbei ist, spürt mancher Besucher noch heute die Wettkampfatmosphäre. Neben dem Stadion wurde ein Museum in der Hoffnung errichtet, dass dort die antiken Fundstücke für die Nachwelt erhalten werden können. Weil die Vasen mit Wettkampfszenen bemalt sind, können die Archäologen die Wettkämpfe der damaligen Zeit nachvollziehen.

7 Kreuze an, ob es sich bei den folgenden Nebensätzen um Glied- oder um Attributsätze handelt.

	Gliedsatz	Attributsatz
a) Zu Griechenland gehören viele Inseln, die wunderschön sind.	☐	☐
b) Weil Kreta im Süden Griechenlands liegt, sind die Temperaturen im Sommer dort sehr hoch.	☐	☐
c) Athen, die Hauptstadt Griechenlands, ist sehr berühmt, da sie viele antike Stätten besitzt.	☐	☐
d) Die Altstadt, die Plaka genannt wird, ist sehr beliebt.	☐	☐
e) Vor vielen Jahren wurden einige Hafenstädte Kretas zerstört, weil ein gewaltiges Seebeben das Meer in Wallung gebracht hatte.	☐	☐
f) Manche Griechen äußern die Angst, dass es weitere schwere Seebeben geben wird.	☐	☐

Appositionen bilden und Zeichen setzen – Italienische Höhepunkte

8 Wandle jeweils die beiden Hauptsätze in einen Hauptsatz mit Apposition um. Zeichne einen Pfeil zum Bezugswort und achte auf die notwendigen Kommas.

a) Rom ist bei vielen Touristen sehr beliebt. Es ist die Hauptstadt Italiens.

Rom, die Hauptstadt Italiens, ist bei vielen Touristen sehr beliebt.

b) Innerhalb von Rom gibt es den Vatikan. Er ist der kleinste Staat der Welt.

c) Der berühmteste Brunnen ist der Trevi-Brunnen. Er liegt im Roms.

d) In der Linie 30 muss man besonders auf seinen Geldbeutel achten. Die Linie 30 ist eine bei Touristen beliebte Straßenbahn.

9 Setze die fehlenden Kommas. Achte vor allem darauf, Appositionen durch Kommas vom restlichen Satz abzutrennen.

Fehlertext

Die größte Insel Italiens ist Sizilien ein ehemals selbstständiges Königreich. Von Griechenland der Wiege des Abendlandes kamen in vorchristlicher Zeit Siedler nach Sizilien. Ihre Spuren insbesondere Tempel und Theater sind noch heute an mehreren Orten zu besichtigen. Unter den griechischen Siedlern waren Menschen wie Thales von Milet ein berühmter Philosoph oder auch Archimedes ein Mathematiker und Physiker. Hast du gewusst, dass die große Insel im Süden Italiens einstmals die sogenannte Kornkammer des Römischen Reiches im Mittelalter von deutschen Königen wie etwa Friedrich dem Staufer beherrscht wurde?

10 Im folgenden Text sind einige Kommafehler zu finden. Streiche die falsch gesetzten Kommas durch und setze fehlende mit roter Farbe ein.

Fehlertext

Noch heute gibt es auf Sizilien und in bestimmten Gegenden Apuliens einer, anderen süditalienischen Region auffallend viele, rothaarige Italiener. Sie gelten als Nachfahren der Staufer. Friedrich zunächst König, von Sizilien, und später auch deutscher Kaiser war ein sehr gebildeter Mann. So pflegte er mit arabischen Gelehrten den Europäern, in Wissenschaft und Kultur, überlegenen Männern einen regen Austausch. Sogar mit einem Sultan dem Herrscher, der arabischen Welt war er eng befreundet. Noch heute finden sich viele orientalische Ornamente Zeugnisse der bilderlosen islamischen Kunst an Gebäuden die, in dieser Zeit, in Sizilien errichtet wurden.

Teste dein Können!

1 Unterstreiche die Attribute je nach Art in unterschiedlichen Farben.
2 Ordne sie anschließend richtig zu.

Nach den Sommerferien stehen Julia, Hendrik, Sebastian, Annika und Achim wieder auf dem Schulhof zusammen. Thema ihres Gesprächs sind natürlich die verschiedenen Ferienerlebnisse. Nachdem die anderen von ihren Erlebnissen im Ausland berichtet haben, erzählt Julia von ihrem Urlaub auf einem Reiterhof in Schleswig-Holstein: „Ich war zum ersten Mal ganz alleine im Urlaub. Das hat mich aber wirklich nicht weiter gestört, weil ich sofort einige nette Mädchen kennengelernt habe. Mit ihnen habe ich mich auf Anhieb verstanden. Der Reitstall dort lag in der Nähe unserer Unterbringung, sodass ich es nie weit zu den Pferden hatte. Ein Pferd, es hieß Lotte, habe ich echt ins Herz geschlossen. Es ist ein hübsches und gut erzogenes Pferd, das jeden Spaß mitmacht. Von Vorteil war, dass ich schon gut reiten konnte, denn so durfte ich schon früh die interessanteren und schwierigeren Aufgaben übernehmen. Trotzdem habe ich viele Stunden mit dem Ausmisten der Ställe verbracht. Das war nicht gerade immer lustig. Der Umgang mit den Pferden hat mir aber viel Spaß gemacht und die Landschaft, die wir bei unseren langen Ausritten erlebt haben, hat mir sehr gefallen. Für mich steht fest, dass ich im nächsten Jahr auf jeden Fall wieder auf diesem Reiterhof die schönste Zeit des Jahres, meine Sommerferien, verbringen möchte."

Genitivattribut:

Adjektivattribut:

Adverbiales Attribut:

Apposition:

Präpositionales Attribut:

Attributsatz:

3 Entscheide, welche Attribute in folgenden Sätzen vorliegen. Unterstreiche das Attribut, zeichne einen Pfeil zum Bezugswort und kreuze das entsprechende Kästchen an. Auch Attributsätze sind möglich. Manchmal kommen mehrere Attribute vor.

4 Setze die fehlenden Kommas.

	Gen.A.	Adj.A.	Adv. A.	Präp.A.	Apposition
a) Meine gestohlene Badehose lag in einer Umkleidekabine.	☐	☐	☐	☐	☐
b) Der Strandkorb vor mir ist von zwei netten Jungs besetzt.	☐	☐	☐	☐	☐
c) Der mitreißende Wettkampf endete mit einem knappen Sieg.	☐	☐	☐	☐	☐
d) Die Freude am Surfen habe ich trotz des Materialschadens nicht verloren.	☐	☐	☐	☐	☐
e) Die Farbe des T-Shirts ist ausgeblichen.	☐	☐	☐	☐	☐
f) Sein Urlaub hat Verpflegung und Surfkurs eingeschlossen nur 350,– € gekostet.	☐	☐	☐	☐	☐
g) Die Kette die ich heute trage ist von der schönen Insel Korfu.	☐	☐	☐	☐	☐
h) Der Junge dort drüben war in dem Surfkurs den die Profis unter uns besucht haben.	☐	☐	☐	☐	☐
i) Samos meine Lieblingsinsel liegt unmittelbar an der Küste der Türkei.	☐	☐	☐	☐	☐

5 Setze alle fehlenden Kommas.

Fehlertext

Der höchste Berg Siziliens ein Vulkan heißt Ätna. Die Spuren seiner Ausbrüche Lava und Asche lassen sich in seinem Umkreis überall finden denn dieser Vulkan einst ein heiliger Berg ist bis heute aktiv. Dennoch siedeln in seiner Nähe Menschen Landwirte vor allem da das vulkanische Umland ein an Nährstoffen reicher Boden sehr fruchtbar ist. Hier gedeihen die berühmten Zitrusfrüchte Orangen Zitronen oder Limonen für die Sizilien bekannt ist. Heute zieht die Insel viele Menschen Urlauber wie Kulturliebhaber in ihren Bann. Taormina eine malerisch oberhalb der Küste gelegene Stadt ist der wohl bekannteste Ferienort Siziliens. Um die Insel wirklich kennenzulernen, empfiehlt sich jedoch eine Rundreise. Die schnellste Anreise bietet das Flugzeug es besteht aber auch eine Fährverbindung über die Straße von Messina einer Meerenge zwischen Sizilien und dem italienischen Festland.

Wiederholung 1: Haupt- und Nebensätze

Im Hauptsatz steht ein Teil des Prädikates (die Personalform des Verbs) an zweiter Satzgliedstelle: Ich *bin* nach Hause gegangen.
Im Nebensatz steht das Prädikat am Satzende: ..., weil ich müde *war*.
Nebensätze werden fast immer durch unterordnende Konjunktionen (z.B.: weil, obwohl, als ...) eingeleitet und können nicht für sich alleine stehen.
Haupt- und Nebensätze werden durch ein Komma voneinander abgetrennt: *Ich bin nach Hause gegangen, weil ich müde war.*

Haupt- und Nebensätze erkennen – Spiele im Freien

1 Kreise in den folgenden Sätzen alle Konjunktionen ein.

a) Kinder spielten auf der Wiese, *als* die Sonne schien.

b) Ein Mädchen lief schnell weg, weil es sich verstecken wollte.

c) Obwohl sie ein gutes Versteck hatte, wurde sie schnell gefunden.

d) Während sie nun zählte, versteckten sich die anderen.

e) Wenn sie bis 50 gezählt hat, darf sie nach den übrigen Kindern suchen.

2 Umrahme die Prädikate und bestimme Haupt- und Nebensatz.

a) Die Jungen wollten lieber Fußball spielen, nachdem sie eine Weile Verstecken gespielt hatten. (HS, NS)

b) Schnell lief Marvin nach Hause, weil er seinen neuen Ball holen wollte. ______

c) Während einige mit Stöcken Torpfosten bauten, begannen die anderen mit der Mannschaftsaufstellung. ______

d) Als Marvin zurückkam, konnte das Spiel endlich losgehen. ______

e) Obwohl beide Mannschaften mit vollem Einsatz kämpften, wollte kein Tor fallen. ______

3 Vervollständige die Nebensätze mithilfe der angegebenen Wörter.

a) dem Fußballspiel – zuschauen – lieber – andere

Einige Mädchen spielten Gummitwist, während andere lieber dem Fußballspiel zuschauten.

b) sein – gute Fußballerinnen – sie

Anna und Marie spielten sogar mit, weil ______

c) Flanke – nicht – Tobias – erreichen

Rubens Schuss war so hart, dass ______

d) härter – werden – Zweikämpfe

Als ______, geschah ein böses Foul.

e) sein – gute Torhüterin – Marie

Frank verwandelte den Elfmeter sicher, obwohl ______

Wiederholung 2: Satzreihe und Satzgefüge

Eine **Satzreihe** besteht aus zwei oder mehreren Hauptsätzen, die als Einheit aufgefasst werden. Sie werden durch Kommas oder Semikolon getrennt oder durch *und* oder *oder* verbunden.

Ein **Satzgefüge** besteht aus dem übergeordneten Hauptsatz und einem oder mehreren untergeordneten Nebensätzen. Die Nebensätze werden durch ein Komma getrennt, wenn sie nicht durch ein *und* oder *oder* verbunden sind.

Satzreihe und Satzgefüge erkennen und unterscheiden – Auf der Suche nach Abenteuern

1 Kreuze an, ob es sich bei den folgenden Sätzen um Satzreihen oder um Satzgefüge handelt.

2 Unterstreiche bei den Satzgefügen alle Nebensätze einfach und die einleitenden Konjunktionen doppelt.

3 Überprüfe deine Ergebnisse im Lösungsteil und berichtige gegebenenfalls.

	Satzreihe	Satzgefüge
a) Maurice ist ein 12-jähriger Junge und er hat kurze dunkelblonde Haare.	☒	☐
b) Wenn ein Treffen mit seinen Freunden Steffen und André bevorsteht, steigt seine Laune.	☐	☐
c) Seine beiden Freunde kennt Maurice schon seit Langem und gemeinsam haben sie viel erlebt.	☐	☐
d) Obwohl sie sich manchmal streiten, mögen sie sich sehr.	☐	☐
e) Angst haben die drei Freunde bei ihren Abenteuern selten, weil sie sich zusammen stark fühlen.	☐	☐

4 Kreuze auch hier an, ob es sich um eine Satzreihe oder um ein Satzgefüge handelt.

5 Unterstreiche die Nebensätze und setze außerdem die fehlenden Kommas.

	Satzreihe	Satzgefüge
a) Manchmal bringt Maurice seine kleine Schwester mit, weil er auf sie aufpassen muss.	☐	☒
b) Besonders gerne fahren sie Fahrrad Steffen ist immer der Schnellste.	☐	☐
c) Wenn es sehr warm ist gehen sie schwimmen.	☐	☐
d) Obwohl sie ab und zu mit anderen Fußball spielen verbringen sie die meiste Zeit zu dritt.	☐	☐
e) Ihre Kräfte messen sie indem sie um die Wette laufen.	☐	☐

6 Unterstreiche im folgenden Text alle Nebensätze einfach, die einleitenden Konjunktionen doppelt.
7 Überprüfe im Lösungsteil, ob du alles richtig gemacht hast, und berichtige ggf. farbig.

Nachmittags zogen Maurice, André und Steffen oft gemeinsam und voller Abenteuerlust durch die Gegend. Sie bevorzugten verlassene Plätze, weil sie dort ihren Mut deutlicher unter Beweis stellen mussten. Die Spannung steigerte sich schneller, wenn die Angst im Nacken saß. Die drei Jungen hatten jedoch schon lange nichts wirklich Spannendes mehr erlebt. So saßen sie nun in Steffens Zimmer auf dem Boden und suchten nach einer neuen Herausforderung. Als sie die Hoffnung auf ein neues Abenteuer fast schon aufgeben wollten, rief Maurice: „Ich hab's! Kennt ihr das alte verfallene Haus im Wald? Es liegt ein Stück hinter dem Kloster. Nur wenige verirren sich dorthin, weil der Weg kaum einsehbar, sehr eng und schlecht befestigt ist. Lasst uns mit unseren Rädern hinfahren."

8 Gehe vor wie in Aufgabe 6. Setze zusätzlich die fehlenden Kommas.
9 Überprüfe im Lösungsteil, ob du alles richtig gemacht hast, und berichtige ggf. farbig.

Fehlertext

Seine beiden Freunde willigten ein obwohl ihnen bei dem Gedanken an das einsame Haus schon ein wenig mulmig zumute war. Sie hatten schon mehrfach gehört dass es dort spuken sollte. Erst letzte Woche hatte ihnen eine Klassenkameradin von seltsamen Dingen berichtet. Sie war mit einer Freundin an dem Haus vorbeigekommen. Als die beiden Mädchen in das Haus hineingehen wollten, vernahmen sie seltsame Geräusche. Außerdem sahen sie durch ein Fenster dunkle Schatten. Obwohl sie neugierig waren verließen sie schnell den Wald. Die Erzählungen ihrer Klassenkameradin gingen André und Steffen durch den Kopf. Weil sie aber nicht als Angsthasen dastehen wollten sagten sie nichts. Was sollte auch schon passieren wenn sie zu dritt waren? Kurze Zeit später machten sie sich auf den Weg.

Adverbialien und Adverbialsätze erkennen – Auf dem Weg durch den Wald

Adverbialien sind *Satzglieder*, die die näheren Umstände oder die Art und Weise eines Geschehens beschreiben. Du kannst sie mithilfe der **Frageprobe** näher bestimmen. Dabei ist es wichtig, stets mit einem vollständigen Satz zu fragen, z.B.:
Der Junge saß auf der Bank.
Frageprobe: Wo saß der Junge? Auf der Bank. (Adverbiale Bestimmung des Ortes/lokal)

Adv. Bestimmung des Ortes (lokal):	Wo? Wohin? Woher? (im Auto)
Adv. Bestimmung der Zeit (temporal):	Wann? Wie lange? (zwei Stunden)
Adv. Bestimmung der Art u. Weise (modal):	Wie? Womit? (angespannt)
Adv. Bestimmung des Grundes (kausal):	Warum? Weswegen? (wegen einer Erkältung)
Adv. Bestimmung des Zwecks (final):	Wozu? (zur Freude)

Adverbialsätze sind *Gliedsätze*, die durch eine unterordnende Konjunktion eingeleitet werden. Sie übernehmen die Funktion des Satzglieds Adverbiale und gehören deshalb zu den Gliedsätzen, z.B.:
Als der Wecker klingelte, stand ich auf.
Frageprobe: Wann stand ich auf? Als der Wecker klingelte. (Temporaler Adverbialsatz)

Satzglied – Gliedsatz

1 Unterstreiche in den folgenden Sätzen die Adverbialien. Führe zur Überprüfung deiner Ergebnisse jeweils die Frageprobe durch.

a) Aus Langeweile brachen die Jungen mit dem Fahrrad auf.

Frageprobe: Warum brachen die Jungen mit dem Fahrrad auf? Aus Langeweile.

b) Ihr Weg führte sie in den Wald.

Frageprobe: ______

c) Zielstrebig fuhren sie weiter.

Frageprobe: ______

d) Nach einer Viertelstunde Fahrt gabelte sich der Weg.

Frageprobe: ______

______

e) Trotz ihrer Unsicherheit wollten sie unbedingt weiterfahren.

Frageprobe: ______

______

f) So entschieden sie schließlich den weiteren Weg durch das Werfen einer Münze.

Frageprobe: ______

______

2 Unterstreiche die Adverbialsätze. Führe zur Kontrolle jeweils die Frageprobe durch.

a) Um keine Zeit zu verlieren, nahmen sie die linke Abzweigung.

Frageprobe: Wozu nahmen sie die linke Abzweigung? Um keine Zeit zu verlieren.

b) Ihre Unsicherheit überspielten sie, indem sie sich gegenseitig Mut machten.

Frageprobe:

c) Der Weg wurde breiter, als sie die nächste Kurve hinter sich gelassen hatten.

Frageprobe:

d) Damit sie besser sehen konnte, fuhren sie an lichteren Stellen im Wald entlang.

Frageprobe:

e) Als sie um die nächste Biegung fuhren, erkannten sie ihr Ziel schon von Weitem.

Frageprobe:

f) Weil sie neugierig waren, traten sie noch einmal kräftig in die Pedale.

Frageprobe:

3 Unterstreiche die Adverbialien grün und die Adverbialsätze blau. Führe zur Kontrolle in Gedanken jeweils die Frageprobe durch.

Wegen ihrer besonderen Anstrengung erreichten sie schon kurze Zeit später das Kloster. Als sie es erreicht hatten, bogen sie in den Feldweg ein, der zum Haus führte. Trotz ihrer Müdigkeit radelten sie zügig weiter. Sie kamen so gut voran, dass sie schon bald das Haus sehen konnten. Sie sprangen aus dem Sattel, als sie vor dem Haus ankamen. Nach dem Abstellen der Fahrräder betraten sie die Verandatreppe. Weil es so still war, erschien ihnen das Haus unheimlich. Wegen der verrotteten Angeln hingen die Fensterläden herunter. Obwohl keiner es zugeben wollte, verspürten die Jungen Angst. Aus Neugierde öffneten sie dennoch langsam die Tür. Weil sie nicht verschlossen war, konnten sie problemlos eintreten. Zur Vermeidung von Lärm schlichen Steffen, Maurice und André in das Haus. Falls sich jemand im Haus befände, würde er sie hoffentlich nicht hören können.

Adverbialsätze unterscheiden – Das rätselhafte Verschwinden

Folgende Arten von Adverbialsätzen werden unterschieden:

Konditionalsatz (Bedingung): **Wenn** du dich nicht beeilst, verpassen wir den Zug.
Konsekutivsatz (Folge): Sie lief schnell, **sodass** sie das Ziel in einer guten Zeit erreichte.
Kausalsatz (Grund): **Weil** sie gut schwimmen konnte, wurde sie bewundert.
Finalsatz (Zweck, Absicht): **Damit** ich gesund bleibe, achte ich auf eine gute Ernährung.
Modalsatz (Art und Weise): **Indem** er regelmäßig lernt, verbessert er sein Grundwissen.
Konzessivsatz (Einräumung): **Obwohl** es schon spät ist, möchten die Kinder nicht ins Bett gehen.
Temporalsatz (Zeit): **Als** sie das Ziel erreicht hatten, fielen sie erschöpft hin.
Adversativsatz (Gegensatz): **Während** Manuel den Garten umgrub, sonnte sich Nina im Liegestuhl.

1 Unterstreiche den Adverbialsatz und bestimme die Adverbialsatzart.

a) Im Haus war es dunkel, sodass die Jungen die Hand nicht vor Augen sahen.

Adverbialsatzart: Konsekutivsatz

b) Wenn die drei Freunde auf Abenteuersuche waren, hatte Maurice stets seine Taschenlampe dabei.

Adverbialsatzart: ______

c) Die drei Jungen verschafften sich einen Überblick, indem Maurice mit seiner Taschenlampe den Raum ausleuchtete.

Adverbialsatzart: ______

d) Als sie umherschauten, sahen sie verschiedene alte Möbelstücke und eine Vielzahl von Spinnweben.

Adverbialsatzart: ______

e) Steffen sagte: „Maurice, komm mal mit deiner Lampe her, damit ich mir diesen Schrank einmal näher ansehen kann!"

Adverbialsatzart: ______

2 Vollende die angefangenen Sätze und kreuze an, um welche Art von Adverbialsatz es sich handelt.

a) Maurice leuchtete den Schrank aus, damit Steffen das Schrankinnere genauer untersuchen konnte.

(Steffen – Schrankinnere – untersuchen)

Adverbialsatz: Finalsatz ☒ Kausalsatz ☐ Adversativsatz ☐

b) Sie drehten sich um, als ______

(lautes Getöse – hinter sich – hören).

Adverbialsatz: Konzessivsatz ☐ Temporalsatz ☐ Modalsatz ☐

c) André war nicht mehr zu sehen, obwohl ______________________________.

(eben – hinter ihnen – stehen)

Adverbialsatz: Kausalsatz ☐ Konsekutivsatz ☐ Konzessivsatz ☐

d) Weil ______________________________,

riefen sie: „André, wo bist du?"

(Maurice – Steffen – Angst haben)

Adverbialsatz: Adversativsatz ☐ Modalsatz ☐ Kausalsatz ☐

e) Während ______________________________

(sie – Antwort – warten), schlug ihnen das Herz bis zum Hals.

Adverbialsatz: Temporalsatz ☐ Finalsatz ☐ Adversativsatz ☐

f) Obwohl ______________________________

(André – antworten – ihnen), blieben sie wie erstarrt stehen.

Adverbialsatz: Modalsatz ☐ Adversativsatz ☐ Konzessivsatz ☐

g) Maurice hielt Steffen lieber am Arm fest, falls ______________________________

______________________________ (Steffen – wie André – verschwinden – ebenfalls)

Adverbialsatz: Konsekutivsatz ☐ Temporalsatz ☐ Konditionalsatz ☐

3 Formuliere auf einem extra Blatt zu jeder Adverbialsatzart einen eigenen Beispielsatz und unterstreiche die Konjunktion.

Aus Adverbialien werden Adverbialsätze – Die geheimnisvolle Tür

Adverbialien können in Adverbialsätze umgeformt werden. Dabei muss das Satzglied (Adverbiale) in einen Gliedsatz (Adverbialsatz) umgewandelt werden.

Beispiel: **Am Abend** zog ein schweres Gewitter auf.
Als es Abend wurde, zog ein schweres Gewitter auf.

1 Ordne die folgenden Adverbialien den entsprechenden Stellen aus den Texten auf S. 45 zu. Gib die jeweilige Zeilenzahl an.

a) trotz ihrer Neugierde → obwohl sie neugierig waren (Z. 6f., unter Text)

b) wegen ihrer Angst → ______________________________

c) beim Hineingehen → ______________________________

d) zu dritt → ______________________________

e) beim Aufgeben der Hoffnung → ______________________________

f) trotz des mulmigen Gefühls → ______________________________

2 Wandle die folgenden Adverbialien in Adverbialsätze um.

a) aus Freude → weil er sich freute

b) trotz Erkältung →

c) durch das lange Üben und Trainieren →

d) nach dem Erreichen des Ziels →

e) wegen des starken Windes →

3 Forme die markierten Adverbialien in Adverbialsätze um und setze die notwendigen Kommas. Kontrolliere deine Ergebnisse und berichtige gegebenenfalls.

a) Aus Angst bewegten sich die Jungen keinen Schritt weiter.

Weil sie Angst hatten, bewegten sich die Jungen keinen Schritt weiter.

b) Nach einigen langen Sekunden des Wartens ging auch noch die Taschenlampe aus.

Korrektur:

c) Trotz der unklaren Situation behielt Maurice die Ruhe.

Korrektur:

d) Durch das Schütteln der Batterien verhalf er ihnen zu neuer Lebenskraft.

Korrektur:

e) Nach dem Meistern dieses Problems konzentrierten sich die Jungen wieder auf die Suche nach ihrem Freund.

Korrektur:

4 Unterstreiche im folgenden Text die Adverbialien, die man in Adverbialsätze umformen kann.

Tipp Den Anfang solcher Satzglieder kennzeichnen oft Präpositionen (z.B. trotz, wegen, nach, vor).

Plötzlich hörten Steffen und Maurice außerhalb des Hauses Geräusche. Trotz der Sorge um ihren vermissten Freund suchten sie ein Versteck. Beim Aufsuchen des Verstecks hinter der Tür hörten sie Schritte auf der Verandatreppe. Sie erschraken und Maurice machte schnell die Taschenlampe aus. Viele Gedanken schossen den Jungen wie Blitze durch den Kopf: Würden sie trotz aller Widerstände aus dieser Situation herausfinden? Wann würden sie ihren Freund wiedersehen? Würde man ihnen wegen des Abstellens der Räder schneller auf die Schliche kommen? Nun öffnete sich die Tür. Zur Vermeidung von Geräuschen hielten Steffen und Maurice den Atem an. „Nein, hier ist niemand, es ist alles dunkel", sagte eine Frauenstimme. Eine Männerstimme entgegnete: „Siehst du, das habe ich doch gesagt. Du kannst gar keinen Lichtschein gesehen haben. Lass uns gehen!" Die beiden verließen das Haus und schlossen die Tür. Vor Erleichterung fielen Steffen und Maurice Steine vom Herzen.

5 Forme die Adverbialien in Adverbialsätze um und schreibe den neuen Text auf.

Plötzlich hörten Steffen und Maurice außerhalb des Hauses Geräusche. Obwohl sie sich um ihren vermissten Freund sorgten, suchten sie ein Versteck.

6 Überprüfe im Lösungsteil, ob du alles richtig gemacht hast. Berichtige, wenn nötig, auf den folgenden Zeilen:

Satzgefüge bilden – Die geheimnisvolle Tür

1 Verbinde die beiden Sätze zu einem Satzgefüge und wähle eine passende Konjunktion.
2 Überprüfe anschließend im Lösungsteil, hake ab (✓), was du richtig gemacht hast, oder berichtige gegebenenfalls auf den Korrekturzeilen.

a) Steffen und Maurice riefen nach André. Sie waren besorgt.

(kausal): Steffen und Maurice riefen nach André, weil sie besorgt waren.

b) Ihnen war mulmig zumute. Sie schauten nach.

(konzessiv):

Korrektur:

c) Sie erreichten die Stelle. Sie erkannten eine offen stehende Falltür.

(temporal):

Korrektur:

d) Die beiden Jungen beugten sich vorsichtig vor. Sie hatten Angst.

(kausal):

Korrektur:

e) Steffen hatte sich ein Herz gefasst. Er rief nach André.

(temporal):

Korrektur:

f) Gemeinsam riefen sie noch lauter. André konnte sie hören.

(konsekutiv): ______

Korrektur: ______

g) Steffen und Maurice riefen. André antwortete nicht.

(adversativ): ______

Korrektur: ______

h) André tastete sich in Richtung der Stimmen vor. Die Freunde konnten ihn sehen.

(final): ______

Korrektur: ______

i) Maurice leuchtete mit der Taschenlampe in das Loch. Sie konnten ihren Freund erkennen.

(konsekutiv): ______

Korrektur: ______

j) Steffen sagte: „Gib uns deine Hand. Wir können dir heraushelfen".

(konditional): Steffen sagte:

Korrektur: ______

3 Bilde mithilfe des Wortmaterials Satzgefüge mit unterschiedlichen Adverbialsätzen. Setze die Kommas, umrahme die Konjunktionen und bestimme die Adverbialsätze.

a) André – Falltür – durch – fallen – unsanft – landen – Boden

Nachdem André durch die Falltür gefallen war, landete er unsanft auf dem Boden.

Art des Adverbialsatzes: Temporalsatz

b) er – orientieren – nicht – können – zunächst – Staub – dunkel – aufwirbeln – und

______

Art des Adverbialsatzes: ______

c) sich – er – erster Schreck – vom – erholen – Falltür – erkennen

Art des Adverbialsatzes:

d) wenigstens – eine – Lampe – er – dabei – haben – suchen – können – Ausweg – einem – nach

Art des Adverbialsatzes:

e) sich abtasten – er – am Körper – suchen – mögliche – nach – Verletzungen

Art des Adverbialsatzes:

Subjekt- und Objektsatz

Neben den Adverbialsätzen gehören auch der Subjekt- und der Objektsatz zu den Gliedsätzen.

Der **Subjektsatz** ersetzt das Subjekt:
Dass du gesiegt hast, freut mich. (statt: *Dein Sieg* freut mich.)
Frageprobe: *Wer/Was* freut mich? *Dass du gesiegt hast.*

Der **Objektsatz** übernimmt die Funktion eines Objekts:
Ich sehe, dass du dich angestrengt hast. (statt: Ich sehe *deine Anstrengung*.)
Frageprobe: *Wen/Was* sehe ich? *Dass du dich angestrengt hast.*

Tipp Wichtig für die Rechtschreibung: Subjekt- und Objektsätze werden häufig mit der Konjunktion „dass“ eingeleitet, die im Unterschied zum Artikel „das“ und zum Pronomen „das“ mit -ss geschrieben wird.

Subjekt- und Objektsätze erkennen – Eine Frage des Mutes

1 Bestimme mithilfe der Frageprobe die Subjekt- und Objektsätze und verwende dazu die Zeilen nach dem Text. Unterstreiche Subjekt- und Objektsätze in zwei unterschiedlichen Farben.
2 Kontrolliere deine Ergebnisse anhand des Lösungsteils und berichtige in einer anderen Farbe.

Objektsatz

Steffen und Maurice warteten darauf, dass André antwortete, aber er sagte nichts.

„Was ist los, André? Rede mit uns!“, flehten sie nun. André drehte sich nicht zu ihnen

um, er sagte: „Das müsst ihr sehen. Hier ist ein Geheimgang. Kommt herunter.“ Ihm

war klar, dass er damit das Interesse seiner beiden Freunde geweckt hatte. Tatsächlich zögerten Steffen und Maurice nicht lange und kletterten in das Loch. Jetzt erkannten auch sie, dass dort ein dunkler Gang war. „Wir müssen entscheiden, wer als Erster durch den Tunnel geht“, sagte Maurice. „Wer die Taschenlampe hat, eignet sich am besten“, erwiderte André. „Gut, dann steht fest, dass du als Erster gehst“, sagte Maurice und drückte ihm die Lampe in die Hand.

Frageprobe:

Auf was warteten Steffen und Maurice? Dass André antwortete.

3 Unterstreiche die Signalwörter sowie die Subjekt- und Objektsätze in unterschiedlichen Farben.

Als Steffen auf das Licht zusteuerte, gingen ihm einige Gedanken durch den Kopf. Er vermutete, dass sich jemand am Ende des Tunnels befand. Trotzdem hoffte er, dass seine Vermutung nicht der Realität entsprach. Im Tunnel war es kalt. Das war Steffen aber im Moment ganz egal. Ihm war klar, dass die Situation für seine Freunde und ihn nicht ungefährlich war. Was konnte nicht alles passieren? Er schaute sich um. Wie schnell könnten sie aus diesem Tunnel fliehen? Auf einmal wünschte sich Steffen, dass alles nur ein Traum sei. Gleich würde er aufwachen und dann wäre alles vorbei …

Subjekt- und Objektsätze bilden – Eine Fülle von Gedanken

Subjekt- und Objektsätze werden oft durch Verben der Wahrnehmung oder Äußerung eingeleitet. Zu diesen Signalwörtern gehören z.B.: wissen, sagen, vermuten, ahnen, hoffen, wünschen, sehen…

4 Ergänze die Sätze und unterstreiche die Signalwörter. Kreuze an, ob es sich um einen Subjekt- oder Objektsatz handelt.

a) Steffen flüsterte: „Maurice, ich hoffe, dass wir niemanden treffen."

(niemand – treffen) Subjektsatz ☐ Objektsatz ☒

b) Maurice ahnte, ______

(Steffen – Angst – haben) Subjektsatz ☐ Objektsatz ☐

c) Dass ______

(Tunnel – nicht – enden – scheinen), ließ Maurice verzweifeln. Subjektsatz ☐ Objektsatz ☐

d) Es beruhigte ihn aber, dass ______

(er – nicht – allein – sein) Subjektsatz ☐ Objektsatz ☐

e) Beide ahnten aber, dass ______

(Abenteuer – nicht – überstanden – noch– sein) Subjektsatz ☐ Objektsatz ☐

5 Bilde selbstständig 4 Subjekt- und Objektsätze. Verwende dabei folgende Verben: wünschen - vermuten – klar sein – erwarten. Achte auf die richtige Schreibung der Konjunktion „dass".

a) ______

b) ______

c) ______

d) ______

6 Kreuze an, ob es sich bei den folgenden Sätzen um einen Subjekt- oder um einen Objektsatz handelt. Falls du dir unsicher bist, wende die Frageprobe an. Forme die Sätze dann um, indem du aus den Satzgefügen Hauptsätze bzw. Satzreihen bildest.

7 Überprüfe anschließend deine Ergebnisse und berichtige gegebenenfalls auf den Korrekturzeilen.

Satzglied – Gliedsatz

	Subjektsatz	Objektsatz
a) Maurice und Steffen warteten darauf, dass André sich entschied.	☐	☒

Maurice und Steffen warteten auf Andrés Entscheidung.

b) Wer schließlich die Lampe in die Hand nahm und voranging, war Steffen.	☐	☐

Schließlich

Korrektur:

c) Mit Erleichterung beobachteten die Freunde, dass Steffen sich entschied.	☐	☐

Korrektur:

d) Sie gingen durch den dunklen Tunnel und plötzlich hoffte Maurice, dass das Abenteuer schnell zu Ende ging.	☐	☐

Korrektur:

e) Wer sich jedoch keine Angst anmerken ließ, waren seine beiden Freunde.	☐	☐

Korrektur:

f) Plötzlich bemerkten die drei Jungen, dass am Ende des Tunnels Licht schien.	☐	☐

Korrektur:

Gliedsätze bestimmen – Ein besonderer Fund

8 Umrahme im folgenden Text die Prädikate und unterstreiche dann die Gliedsätze. Setze auch die fehlenden Kommas. Bestimme sie (verschiedene Adverbialsatzarten, Subjekt- oder Objektsatz).

9 Vergleiche deine Lösungen mit deiner Nachbarin / deinem Nachbarn oder anhand des Lösungsteils und berichtige deine Fehler im Text mit einer anderen Farbe.

Fehlertext

Temporalsatz

Als sie dem Lichtschein näher kamen, entdeckten sie einen Tisch mit einer Petroleumlampe darauf. Sie überlegten wer das Licht wohl angemacht haben könnte. Niemand war zu sehen. Plötzlich entdeckten sie dass neben dem Tisch eine braune Holzkiste stand. Steffen bückte sich und öffnete sie vorsichtig. Was zum Vorschein kam war eine Vielzahl kostbarer Schmuckstücke. Schnell wurde den Jungen klar dass sie einen besonderen Fund gemacht hatten. André flüsterte aufgeregt: „Kommt, lasst uns verschwinden! Wenn wir hier noch lange bleiben, kommt der Besitzer vielleicht zurück und findet uns“. Obwohl Maurice zwischendurch aus Angst am liebsten umgekehrt wäre konnte er sich nun kaum vom Anblick des glitzernden Schmuckes trennen. „Komm schon“, drängte nun auch Steffen, „wir können ja ein Schmuckstück als Beweis für unseren Fund mitnehmen damit uns die Polizei glaubt. Ich bin mir sicher dass es sich bei dem Besitzer um einen Dieb handelt.“ Nachdem Maurice eine goldene Uhr in seiner Tasche verstaut hatte machten sich die drei auf den Rückweg. So schnell wie möglich fuhren sie mit ihren Rädern zur Polizei und erzählten von ihrem Fund. Dort stellte sich heraus dass der Schmuck von einem Einbruch stammte. Da die Polizei dank der Abenteuerlust der Jungen nun den Fundort kannte konnte sie wenig später dort den Dieb stellen.

Satzglied – Gliedsatz

Infinitiv- und Partizipgruppen

Unter der **satzwertigen Infinitivgruppe** versteht man eine Wortgruppe mit Infinitiv + *zu*, die anstelle eines Gliedsatzes steht und häufig durch einen Gliedsatz ersetzt werden kann:
Er findet es gut, Snowboard zu fahren. → Er findet es gut, dass er Snowboard fährt.

Die satzwertige Infinitivgruppe kann in verschiedenen Formen vorkommen:
a) erweiterter Infinitiv mit *zu:* Sie beschloss, den Rückweg anzutreten.
b) Infinitiv mit *um zu, ohne zu, (an)statt zu, als zu, außer zu:* Ohne mit der Wimper zu zucken …

Unter der **satzwertigen Partizipgruppe** versteht man ein erweitertes Partizip, das anstelle eines adverbialen Gliedsatzes steht. Es kann auch durch einen Gliedsatz ersetzt werden:
Er wandte sich ab, zu Tränen gerührt. → Er wandte sich ab, weil er zu Tränen gerührt war.

Bei der satzwertigen Partizipgruppe unterscheidet man zwei Formen:
a) erweitertes Partizip I: vor Freude singend
b) erweitertes Partizip II: von der Freundin enttäuscht

Infinitiv- und Partizipgruppen erkennen – Wanderurlaub in den Bergen

1 Unterstreiche die satzwertigen Infinitivgruppen.

André, Steffen und Maurice hatten beschlossen, gemeinsam an einer Jugendfreizeit in den Bergen teilzunehmen. Mit vielen anderen Mädchen und Jungen hatten sie sich auf den Weg zum Dachsteingebirge in Österreich gemacht. Nachdem sie im Schullandheim angekommen waren, versammelten sich alle im Aufenthaltsraum, um die Verteilung der Zimmer zu besprechen. Maurice, Steffen und André legten Wert darauf, in demselben Zimmer zu wohnen. Sie waren froh, dass dies kein Problem war.

Gemeinsam mit zwei anderen Jungen teilten sie sich zu fünft ein Zimmer. André wollte unbedingt im Etagenbett unten schlafen, da er Angst hatte, nachts hinauszufallen. Als das geklärt war, begannen die Jungen mit dem Auspacken der Koffer, um die Kleider in den Schränken zu verstauen. Wander- und Straßenschuhe mussten nach unten gebracht werden, um keinen Schmutz in die Schlafräume zu tragen. Nachdem dies erledigt war, begannen die Jugendlichen, bei einem gemeinsamen Spieleabend ihre Ferien zu genießen.

2 Kreise die satzwertigen Partizipgruppen ein.

Noch halb schlafend trafen sich alle am Morgen zum Frühstück. Dabei sollte doch heute eine erste Wanderung stattfinden. Von seinem verschlafenen Nachbarn angestoßen verschüttete Steffen beinahe seinen Kakao. Nur Maurice schien schon hellwach zu sein. Einen Witz nach dem anderen erzählend versuchte er, eine Unterhaltung in Gang zu bringen. Als er damit keinen Erfolg hatte, widmete er sich leise schmollend seinem Brot. Gestärkt durch das Frühstück wartete man nun gespannt auf die Ankündigung der Betreuer.

3 Unterstreiche im folgenden Text satzwertige Infinitiv- und Partizipgruppen in zwei unterschiedlichen Farben.

Eine Überraschung auf dem Gipfel versprechend hatte der Betreuer Klaus die Jugendlichen zur ersten Bergwanderung überredet. Leider jedoch hatte er vergessen, gegenüber den Neuankömmlingen zu erwähnen, wie steil es am Anfang bergauf ging. Von der Anstrengung ein wenig schnaufend erreichte die Gruppe eine Alm. Einige junge Rinder trabten auf sie zu, von der Schar der Wanderer angelockt. André versuchte, sich näher an sie heranzuwagen und ein Kalb zu streicheln. Von der schnellen Bewegung des Jungen erschreckt flüchtete das Kalb jedoch den Hang hinauf. Klaus meinte, auf dieser Alm seien häufig Murmeltiere zu sehen. Von vielen Touristen gefüttert seien sie inzwischen recht zutraulich geworden. Darum bat er alle, sich nicht ruckartig zu bewegen und leise zu sein. Erst einmal war nichts zu sehen, aber schließlich wurde die Geduld belohnt. Noch ein wenig abwartend wagten sich die ersten Murmeltiere vor. Mit einer Möhre in der Hand versuchte André, eines der Tiere zu sich zu locken.

Nebensätze in Infinitivgruppen und Partizipgruppen umwandeln – Sinnvolles und Fragwürdiges

1 Wandle die folgenden Nebensätze in satzwertige Infinitivgruppen um.

a) Die drei Freunde hatten schon lange vor, dass sie gemeinsam an einer Jugendfreizeit in den Bergen teilnehmen.

Die drei Freunde hatten schon lange vor, gemeinsam an einer Jugendfreizeit in den Bergen teilzunehmen.

b) Ihre Eltern hatten sie eindringlich ermahnt, dass sie den Gruppenleitern gehorchen.

c) Die Jungen hatten ihren Eltern versprochen, dass sie sich gut verhalten und alle Regeln beachten würden.

d) Auf der Hinfahrt hatte ein Jugendleiter angekündigt, dass er viele Bergtouren mit ihnen machen wolle.

e) Maurice behauptete, dass er für die Touren genügend Kondition habe.

2 Satzwertige Infinitive haben den Vorteil, dass sie kürzer sind als Gliedsätze, sie wirken manchmal aber ein wenig gestelzt. Besprich mit deiner Nachbarin / deinem Nachbarn, welcher der Sätze du in Aufgabe 1 jeweils gelungener findest, den Nebensatz oder den Infinitivsatz.

3 Unter den folgenden Infinitivsätzen finden sich Fehler.
- Setze hinter die richtigen Sätze einen Haken und berichtige falsche Konstruktionen auf den Korrekturzeilen.
- Erkläre jeweils in einem Satz, worin der Fehler liegt. Kontrolliere anschließend anhand des Lösungsteils.

a) Er steckte dem Freund ein Bonbon in den Mund, um nicht mehr zu singen. ☐

Korrektur: Er steckte dem Freund ein Bonbon in den Mund, damit dieser nicht mehr sang.

Begründung: In dem Satz war nicht eindeutig, wer mit dem Singen aufhören soll.

b) Sabine rannte, um die Gruppe noch zu erreichen. ☐

Korrektur:

Begründung:

c) Jörg legte die Reiseunterlagen sorgfältig in die Schublade, um nicht verloren zu gehen. ☐

Korrektur:

Begründung:

d) Sie fegte das Gruppenzimmer, um sauber zu sein. ☐

Korrektur:

Begründung:

e) Sarah wusch sich die Haare, um schön auszusehen. ☐

Korrektur: ______

Begründung: ______

f) Frank stellte die Wanderstöcke gegen die Wand, um nicht umzufallen. ☐

Korrektur: ______

Begründung: ______

4 Wandle die folgenden Nebensätze in satzwertige Partizipgruppen um.

a) Während sie fröhlich singen, legen viele Wanderer weite Wege zurück.

Fröhlich singend legen viele Wanderer weite Wege zurück.

b) Indem sie freundlich grüßen, zeigen sie ihre gute Laune.

______

______

c) Weil sie von den Anstrengungen erschöpft sind, machen sie eine Rast.

______

______

d) Manche nutzen ihre überschüssigen Kräfte, indem sie pfeifen.

______

______

e) Einige schauen verträumt in die Ferne, da sie von der wunderschönen Bergwelt fasziniert sind.

______

______

5 Unter den folgenden Partizipgruppen finden sich Fehler.
- Setze hinter die richtigen Sätze einen Haken und berichtige falsche Konstruktionen auf den Korrekturzeilen, indem du das vorhandene Wortmaterial verwendest.
- Ergänze, wenn nötig, fehlende Wörter.
- Kontrolliere anschließend anhand des Lösungsteils.

a) Außer Atem geratend stieg der Weg steil an.

Korrektur: Außer Atem geratend sah ich den Weg steil ansteigen.

Begründung: Das Subjekt des Hauptsatzes stimmt nicht mit dem Handelnden der Partizipgruppe überein.

b) Von Hunger geplagt öffnete ich meinen Rucksack.

Korrektur: ______

Begründung: ______________________________

c) Eine Rast machend stand die Bank verlockend am Wegesrand.

Korrektur: ______________________________

Begründung: ______________________________

d) Von der Mahlzeit gestärkt machte ich mich auf den Weg.

Korrektur: ______________________________

Begründung: ______________________________

e) Ein Würstchen bestellend verstaute er die Jacke in seinem Rucksack.

Korrektur: ______________________________

Begründung: ______________________________

f) Mit den Schuhen vergeblich Halt suchend erwies sich der Klettersteig als zu schwierig.

Korrektur: ______________________________

Begründung: ______________________________

Regeln zur Zeichensetzung bei satzwertigen Infinitivgruppen

Infinitivgruppen werden mit einem Komma vom Hauptsatz getrennt, wenn …

a) … vor einem Infinitiv mit *zu* eines der folgenden Wörter steht: um, ohne, (an)statt, als, außer: Er nahm sich eine große Portion, um satt zu werden.
b) … die Infinitivgruppe von einem Nomen abhängt: Sie unternahm nur einen Versuch, ihn telefonisch zu erreichen.
c) … die Infinitivgruppe durch ein hinweisendes Wort mit dem übergeordneten Satz verknüpft ist: Er glaubte nicht daran, ihr folgen zu können.
d) … die Infinitivgruppe durch ein aufnehmendes Wort mit dem übergeordneten Satz verknüpft ist: Als erster auf dem Gipfel zu sein, das war sein Ziel.

Zeichen setzen – Beobachtungen im Wald

1 Setze die fehlenden Kommas.

a) Sie glaubten nicht, die Murmeltiere sehen zu können.

b) Sie achteten darauf leise zu sein.

c) Sie flüsterten nur miteinander um die Tiere nicht zu verscheuchen.

d) Die Tiere knabberten ohne sich durch das Knipsen der Kameras stören zu lassen.

e) Keiner unternahm den Versuch ein Murmeltier zu streicheln.

f) Die Murmeltiere in Ruhe zu beobachten das war ihr Ziel.

2 Im folgenden Text sind einige Kommas durcheinandergeraten und befinden sich an der falschen Stelle. Füge die fehlenden Kommas ein und streiche die falsch gesetzten Kommas durch.

Fehlertext

Nach dem Aufenthalt bei den Murmeltieren setzte die Jugendgruppe ihre Wanderung fort. Mittlerweile waren die Mädchen und Jungen wach und wanderten zügig ohne, zu murren. Um das Ziel der Wanderung, die Hexenkopfhütte, nicht zu spät zu erreichen machten sie, keine weitere Pause. Gegen Mittag erreichten sie ihr Ziel. Jeder suchte sich einen Platz vor der Hütte um sich von den Strapazen des Aufstiegs, zu erholen. Silke und Carla setzten sich, in den Schatten um keinen Sonnenbrand zu bekommen. Die Vorräte wurden ausgepackt und verspeist. Die recht hoch gelegene Hütte so leicht erreicht zu haben das machte die Jugendlichen stolz. Nach der Mittagspause machten sich alle an den Abstieg. Um etwas schneller zu sein nahmen sie sogar eine steile Abkürzung. Am späten Nachmittag war die Gruppe wieder glücklich zurück in ihrer Unterkunft.

3 Sieh dir noch einmal die Regeln auf S. 63 an und überlege dir zu jeder dieser Regeln ein weiteres Beispiel. Denke daran, alle notwendigen Kommas zu setzen.

a) ______

b) ______

c) ______

d) ______

Partizipgruppen bilden und umformen – Aufregung beim Abstieg

1 Wandle die Nebensätze in Partizipgruppen um:

a) Die Jugendgruppe begann ihre erste Wanderung, nachdem sie sich durch ein gutes Frühstück gestärkt hatte.

Die Jugendgruppe begann ihre erste Wanderung, durch ein gutes Frühstück gestärkt.

b) Weil er durch die Begeisterung der anderen angespornt wurde, marschierte Maurice fröhlich mit.

______

______

c) Indem die Jugendlichen sich ständig Witze erzählten, bemerkten sie kaum die Mühen des Anstiegs.

______

______

d) Als sie endlich am Gipfel angekommen waren, genossen sie den wundervollen Ausblick.

______

______

2 Forme nun die Partizipgruppen in Nebensätze um.

a) Steffen sah zu den umliegenden Gipfeln, vor Begeisterung strahlend.

Steffen sah zu den umliegenden Gipfeln, während er vor Begeisterung strahlte.

b) Er biss in sein Brötchen, plötzlich großen Hunger verspürend.

c) André dehnte, sich kräftig streckend, seine Muskeln.

d) Still lächelnd schloss Steffen seine Augen und genoss die saubere Luft.

Regeln zur Zeichensetzung bei satzwertigen Partizipgruppen

In folgenden Fällen **muss** ein Komma gesetzt werden:

a) Wenn eine Partizipgruppe eingeschoben ist: Er lief, wild mit den Armen fuchtelnd, hinter ihr her.

b) Wenn eine Partizipgruppe nachgestellt ist: Sie schlief fest, von der Arbeit erschöpft.

c) Wenn die Partizipgruppe durch ein aufnehmendes Wort mit dem übergeordneten Satz verknüpft ist: Nur mit einer Badehose bekleidet, so stieg er in den Bus.

3 Setze alle notwendigen Kommas und ordne die Sätze den Regeln zu.

	Regel
a) Plötzlich näherte sich den Jugendlichen der Jugendleiter Marc, aufgeregt rufend.	b)
b) Wild gestikulierend und zur Eile mahnend so erzählte er von einem aufziehenden Gewitter.	
c) Alle packten seinen Aufforderungen folgend ihre Sachen und setzten die Rucksäcke auf.	
d) Die Jugendlichen eilten den Berg hinab die Augen aufmerksam auf den schmalen Pfad richtend	
e) Sie begannen zu laufen von Weitem den Donner hörend.	
f) In letzter Minute erreichten sie den Bus vor Anstrengung ganz erschöpft.	

Am Satzbau feilen

Übersicht über die häufigsten Satzbaufehler in der Schriftsprache
Unvollständige Sätze: Verwendung von Nebensätzen ohne Hauptsatz:
Was gefällt dir an dem Bild? Dass es bunt ist.
Richtig: *Was gefällt dir an dem Bild? Mir gefällt, dass es bunt ist.*

Stellungsfehler: falsche Stellung von Satzgliedern:
Clarissa stopfte ihr Heft in die Tasche, weil sie hatte wenig Zeit.
Richtig: *Clarissa stopfte ihr Heft in die Tasche, weil sie wenig Zeit hatte.*

Beziehungsfehler: uneindeutige Verwendung von Pronomen:
Der Hase wurde vom Fuchs verfolgt und er fraß ihn auf.
Richtig: *Der Hase wurde vom Fuchs verfolgt und von ihm aufgefressen.*

Zuviel Parataxe: einseitige Verwendung von aneinandergereihten Hauptsätzen:
Er schrie, er rannte zu ihr hin, dann stolperte er über einen Stein und er fiel hin.
Besser: *Er schrie und rannte zu ihr hin. Dann stolperte er über einen Stein und fiel hin.*

Zuviel Hypotaxe: einseitige Verwendung von Satzgefügen und Schachtelsätzen:
Der Junge, dessen Fahrrad am Baum lehnte, saß in der Sonne, obwohl er noch viele Dinge zu erledigen hatte, als plötzlich sein Handy klingelte.
Besser: *Der Junge saß in der Sonne, obwohl er noch viele Dinge zu erledigen hatte. Sein Fahrrad lehnte am Baum. Plötzlich klingelte sein Handy.*

1 Feile am Satzbau der folgenden Sätze. Orientiere dich an den oben stehenden Regeln.

a) In der zweiten Strophe ist eine Metapher. In der dritten auch.

Auch in der dritten Strophe findet sich eine Metapher.

b) Das kleine Mädchen ist freundlich. Doch der Junge nicht.

c) Tim spielte den Ball zu mir. Ich den Ball zu Horst. Horst wieder zu Tim.

d) Mutti fragte, was mir am Reiten gefällt. Dass es schön ist.

e) Meine Schwester isst keinen Grünkohl. Ich nur manchmal keine Tomaten.

2 Unterstreiche die Beziehungs- und Stellungsfehler und korrigiere die Sätze.

a) Der Mantel stand ihm gut und er war grün.

Der grüne Mantel stand ihm gut.

b) Nicht jeder isst gerne Garnelen, obwohl ich mag sie.

c) Ich gehe jetzt nach Hause, weil ich habe dort noch viel zu tun.

d) Sandras Tasche fiel um und sie bückte sich.

e) Als Michael den Ball aufhob, rutschte er weg.

3 In den folgenden Sätzen werden Satzreihen und Satzgefüge zu einseitig verwendet.
Schreibe die Sätze in veränderter Form auf.

a) Der Film, den ich sah, als ich gestern in Köln im Kino war, welches sehr groß ist, war toll.

Der Film, den ich gestern in einem sehr großen Kino in Köln sah, war toll.

b) Sandra füllte sich die Nudeln auf den Teller, goss Tomatensoße darüber, setzte sich an den Tisch, nahm ihre Gabel und aß mit Genuss.

c) Weil mein Bruder, der mein jüngster Bruder ist, heute Geburtstag hat, muss ich heute, wenn die Schule aus ist, unbedingt noch ein Geschenk in dem Geschäft besorgen, das so viele Sportartikel hat.

d) Schnell lief er auf seine kleine Schwester zu, er warf sie in die Luft, drückte sie an sich, er schaute sie an und rief: „Schön, dass du wieder da bist."

e) Obwohl das Wetter schön ist, wo es doch so lange schlecht war, möchte ich heute nicht nach draußen gehen, wo die anderen, zu denen auch Michael gehört, der mich erst kürzlich geärgert hat, spielen.

Mängel in der Textgestaltung erkennen – Berufe und ihre Gefahren

Der mündliche und der schriftliche Sprachgebrauch unterscheiden sich. Während umgangssprachliche Wendungen im mündlichen Sprachgebrauch erlaubt sind, gelten sie im schriftlichen Sprachgebrauch als unpassend und sollten vermieden werden.

1 Unterstreiche die Fehler im Satzbau mit grüner Farbe und mach das Satzende durch einen senkrechten Strich deutlich.

2 Unterstreiche die Beziehungsfehler mit roter Farbe.

Jonas kommt aufgeregt in das Zimmer seiner Schwester Carolin gelaufen und erzählt gleich drauflos:

„Ich war bei meinem Freund Jan. Die haben ja einen Hund und der heißt Tobby und ist immer so wild. Und wir haben im Garten gespielt und Tobby ist dem Ball hinterhergelaufen und Jan und ich haben ihn geworfen. Da kam dann der Postbote und Jan hat den Ball in seine Richtung geworfen und der Tobby ist gleich dahin. Und da ist der Hund an dem Postboten hochgesprungen, er wollte doch nur spielen und der Postbote hat nichts verstanden und nur gedacht, dass er ihn beißen wollte. Der hat sich dann erschrocken und zwar so stark, dass er die Post fallen ließ, und die Karten, Briefe und die Päckchen lagen alle auf dem Rasen und der Postbote hat geschimpft und Jans Mutter kam herausgelaufen. Und Tobby hat einfach ein Päckchen genommen und ist damit weggerannt und hat sich versteckt und er hat das Päckchen vergraben und es findet keiner mehr."

3 Schreibe den Text in sprachlich angemessener Form auf.
- Achte besonders auf einen klaren Satzbau und auf Verständlichkeit.
- Verwende treffende Konjunktionen, um die Sätze sinnvoll miteinander zu verknüpfen.

Ich war bei meinem Freund Jan. Seine Familie hat einen Hund, der Tobby heißt und immer sehr wild ist.

Sarah soll einen Bericht über ihre Erfahrungen beim Girl's Day schreiben. Der Bericht ist fertig, zufrieden ist Sarah aber noch nicht damit.

4 Im folgenden Text befinden sich Fehler unterschiedlicher Art. Streiche sie mit einem roten Stift an.
5 Schreibe in die rechte Spalte die Zahl, die zu der jeweiligen Fehlerart gehört: 1) unvollständiger Satzbau, 2) einseitiger Satzbau, 3) Beziehungsfehler, 4) Stellungsfehler, 5) unangemessene Wortwahl
6 Ordne jeweils ein Beispiel in die Tabelle ein und korrigiere es.

Am Girl's Day war ich in einer KFZ-Werkstatt und wurde zuerst eingekleidet. Ich musste so einen Blaumann anziehen und solch dicke Schuhe, die wegen der Sicherheit vorne Stahl im Schuh haben. Die Lehrlinge haben ziemlich gegrinst. Weil sie sehen wohl selten Mädchen in dieser Kleidung und die Hose war etwas groß. Einer führte mich durch die Werkstatt, das war ein dufter Typ und der hat auch keine blöden Bemerkungen gemacht nach dem Motto „Mädchen und Technik". Überhaupt waren die alle ganz nett. Spannend fand ich die Hebebühnen, mit denen man die Autos rauf- und runterfährt. Ich durfte zugucken, wie ein ganzer Motor ausgebaut wurde. Ist ein echt kompliziertes Teil, aber der Meister hat viel erklärt. Jetzt weiß ich, wie er funktioniert und habe Lust bekommen, auch mal daran zu schrauben. Beim Aufräumen der Werkstatt und beim Sortieren des Werkzeugs habe ich mitgeholfen. Das war jetzt nicht so toll, aber es muss ja auch sein.

(Sarah)

Fehlerart	
1) unvollständiger Satzbau	
2) einseitiger Satzbau	
3) Beziehungsfehler	
4) Stellungsfehler	
5) unangemessene Wortwahl	

Teste dein Können!

1 Lies den Text. Unterstreiche alle Nebensätze, schreibe die Art des Nebensatzes über die jeweilige Zeile und setze alle notwendigen Kommas.

Die Jugendreise dauerte insgesamt zwei Wochen. Den drei Freunden gefiel diese Zeit

Kausaler Adverbialsatz (Kausalsatz)

in Österreich sehr gut, weil sie neue Freunde fanden und viele tolle Touren unternahmen. Obwohl sie früher nie viel gewandert waren hatten sie bei den Wanderungen gut mit den anderen mithalten können. Nun saßen sie genüsslich ein großes Eis schleckend im Gras. Es war ihr letzter gemeinsamer Tag in den Bergen. „Wisst ihr noch“, sagte Steffen, „unsere Dachsteintour?“ „Na klar“, antwortete Maurice und André meinte: „Das war das tollste Erlebnis hier überhaupt“. Um 4.45 Uhr waren sie mit der Gondel zur Dachsteinstation gefahren um von dort den Sonnenaufgang bewundern zu können. Nachdem sie im Bistro gefrühstückt hatten suchten sie sich einen Platz auf der Terrasse. Ihre Digitalkameras in den Händen haltend erwarteten sie die ersten Strahlen der Morgensonne. Als die Sonne dann sichtbar wurde und das wunderschöne Farbenspiel zu sehen war bereute keiner dass er für dieses Erlebnis früh aufgestanden war. Wer zu Hause geblieben war hatte auf jeden Fall etwas ganz Besonderes verpasst. Anschließend machten sie eine Wanderung über den Gletscher. Damit sie nicht im tiefen Schnee versanken zogen sie Schneeschuhe an. Diese Art des Wanderns war jedoch anstrengend sodass sie am Ende dieser Tour besonders erschöpft waren.

Von diesen und anderen Erinnerungen angeregt gaben sie sich ein Versprechen: Wenn es irgendwie möglich sein sollte wollten sie im nächsten Jahr wieder bei einer solchen Jugendfreizeit in den Bergen mitmachen.

2 Berichtige die Fehler in folgender Weise:
Schreibe die Sätze heraus, in denen du vergessen hast, Kommas zu setzen. Setze die Kommas mit Rotstift und schreibe die passende Regel dazu. (Ggf. extra Blatt)

Beispiel:

Den drei Freunden gefiel diese Zeit in Österreich sehr gut, weil sie neue Freunde fanden und viele tolle Touren unternahmen. (kausaler Nebensatz)

3 Verbinde folgende Hauptsätze sinnvoll zu einem Satzgefüge und gib an, welche Adverbialsatzart entstanden ist. Du kannst auch satzwertige Partizipgruppen verwenden. Jede Art sollte nur ein Mal vorkommen.

a) Am nächsten Morgen verspürten die drei Freunde Muskelkater. Die Wanderung war anstrengend gewesen.

Adverbialsatz:

b) Die Gruppenleiter fragten die Jugendlichen nach ihren Wünschen für die Freizeitgestaltung. Die Kinder sprachen sich einstimmig für einen Freibadbesuch aus.

Adverbialsatz:

c) Bereits eine Stunde später befanden sich die Jugendlichen im Freibad. Sie lachten und johlten laut.

Adverbialsatz:

d) Sie waren vorher sehr müde gewesen. Jetzt schwammen und sprangen sie munter umher.

Adverbialsatz:

4 Unterstreiche im folgenden Text Subjekt- und Objektsätze, Infinitiv- und Partizipgruppen mit jeweils unterschiedlichen Farben. Setze auch die fehlenden Kommas.

Fehlertext

Nach dem Mittagessen riefen die Betreuer alle Teilnehmer der Ferienfreizeit zusammen um das weitere Programm zu besprechen. Es wurde angekündigt dass am Nachmittag eine Schnitzeljagd durchgeführt werde. Ohne bemerkt zu werden hatten sich daher zwei ältere Jugendliche bereits auf den Weg gemacht. Mit Kreide und Briefen ausgerüstet bereiteten sie die Strecke vor. Was die beiden sonst noch ausgeheckt haben mochten blieb eine Überraschung. Erwartungsvoll angetreten wurden alle in verschiedene Gruppen eingeteilt. Dass Maurice und André nicht in derselben Gruppe landeten war schnell verschmerzt. Von Ehrgeiz angestachelt wollte jeder mit seiner Gruppe als erster ankommen. Doch gewinnen sollte nicht unbedingt wer am schnellsten wieder am Ziel war. Ebenso entscheidend sollte sein dass alle versteckten Briefe gefunden wurden um die dort gestellten Fragen und Aufgaben zu lösen. Nicht allein wer viel wusste war hier im Vorteil. Es bedurfte teilweise großer Geschicklichkeit einige der Aufgaben zu bewältigen. Zwischendurch merkte André dass sich seine Gruppe verlaufen hatte. Anstatt rechts abzubiegen waren sie im Eifer geradeaus weitergelaufen. Zur Wegkreuzung zurückgekehrt entdeckten sie schließlich dass der Pfeil in eine andere Richtung zeigte. Am Ziel angekommen erwartete ihn schon Maurice. Er erzählte stolz dass seine Gruppe die beste Zeit habe. Doch wer gewonnen hatte stand noch nicht fest. Zunächst galt es die Fragen und Aufgaben auszuwerten. Dass eine andere Gruppe hier besser war musste Maurice zähneknirschend hinnehmen. Im ersten Moment vom Endergebnis enttäuscht überwog für André und Maurice jedoch bald die Tatsache, dass ihnen die Schnitzeljagd viel Spaß gemacht hatte. Anstatt zu klagen begannen die Freunde noch beim Abendessen sich ihre Erlebnisse in allen Einzelheiten zu erzählen. Von diesen und anderen Erinnerungen erfüllt gaben sie sich ein Versprechen: Was auch immer passieren sollte im nächsten Jahr wollten sie wieder bei solch einer Jugendfreizeit dabei sein.

Satzbaufehler vermeiden

Teste dein Können!

1 Streiche alle Satzbaufehler mit einem roten Stift an.
2 Versetze dich in die Rolle des Polizisten und forme den Text in eine sprachlich angemessene Version um. Korrigiere dabei auch die Fehler in der Wortwahl.

Frau Meier war Zeugin eines Überfalls auf eine Tankstelle. Ihre Aussage wurde am Ort des Geschehens aufgenommen. Da sie noch sehr aufgeregt war, erzählte sie manches durcheinander und erwähnte auch Nebensächliches. Da ist es nicht leicht für den Polizisten, daraus ein sachliches Protokoll zu erstellen.

„Also, ich war zum Tanken, weil ich morgen zu meiner Schwiegermutter fahre, und wusste nicht, ob noch genug Sprit im Tank ist. Da stand ich an der Zapfsäule und es kam ein roter Kombi angebrettert, der quietschte beim Bremsen und heraus sprang ein Mann, und der war schon alt, so eine Rostlaube mit Beulen. Gedacht hab' ich mir nichts dabei, aber dann macht es „Klick", weil der Tank ist voll. Dann bin ich zur Kasse gegangen, um zu bezahlen. Eine Zeitschrift für die Oma wollte ich auch noch mitnehmen, das „Promi-Blatt", das liest sie ja so gern. Und als ich mich so runterbeuge, da schreit mich einer an und sagt doch glatt zu mir: „He, Alte, leg dich auf den Boden, aber sofort!" Unverschämtheit, was dem einfällt, wo ich es doch so in den Knien habe und schlecht wieder hochkomme. Ich wollte gerade zurückschreien, da sah ich, dass er eine Maske anhatte und eine Pistole in der Hand hatte. Da habe ich mich erschreckt und laut geschrien. Der Räuber ist auf mich zu und wollte, dass ich ruhig bin, aber ich habe einfach weitergeschrien. Da ist der auf mich los, ich bin in das Regal mit den Dosen, da stehen solche Dosen mit Getränken und Erdnüssen und Schokolade. Umgefallen ist alles, und da hat der Kassierer den Alarmknopf gedrückt. Und wie der Räuber das hört, ist der raus, und da stolpert der über meine Handtasche, die hab' ich doch von der Oma. Ich war dann ohnmächtig und als ich wach war, war die Polizei da und der freche Kerl in Handschellen.

3 Streiche in folgendem Text alle Fehler farbig an und gib die Fehlerart in der Randspalte an.
4 Ordne jeweils ein Beispiel in die Tabelle ein und verbessere es.

Robert schreibt über seinen letzten Kinobesuch:
„Der Sohn eines englischen Grafen war auf Kreuzzug im Heiligen Land und da kämpfte er um Jerusalem und wurde gefangen. Er brach irgendwann aus und lernte dabei einen Araber kennen. Der wich ihm nicht von der Pelle. Zusammen fuhren sie mit einem Schiff nach England. Da erkannten sie, dass man den Vater von dem Engländer umgebracht hatte und alles Land war weg. Da wollte sich der Grafensohn rächen, aber er wusste nicht, wer es getan hatte. Also besuchte er seine frühere Freundin. Die er aber erst nicht erkannt hat. Die erzählte ihm dann alles mit seinem Vater und wie ein grausamer Ritter alles gestohlen hatte und auch der Diener von dem Vater war seines Augenlichts beraubt worden, den fanden sie aber später dann. Zuerst fanden sie aber den toten Vater im verbrannten Schloss. Die Leute von dem Ritter hatten davon schon gehört, weil einer hatte sie verraten. Da mussten sie fliehen und landeten irgendwann im Wald bei Räubern. Mit denen haben sie sich zuerst geprügelt, und später waren sie gute Freunde. Zusammen mit ihnen haben sie die Reichen bestohlen, das Geld und den Schmuck mitgenommen, weil damit wollten sie die Armen durchbringen."

Fehlerart	
1) unvollständiger Satzbau	
2) einseitiger Satzbau	
3) Beziehungsfehler	
4) Stellungsfehler	
5) unangemessene Wortwahl	

Zeichensetzung sicher beherrschen

Satzreihe, Satzgefüge, Infinitiv- und Partizipgruppen

Satzreihe: Mehrere Hauptsätze werden durch ein Komma voneinander abgetrennt, wenn sie nicht durch ein „und" oder „oder" miteinander verbunden sind.
Ich fahre nach Köln, dort erledige ich meine Einkäufe, anschließend gehe ich ins Kino.

Satzgefüge: Das Komma trennt Nebensätze vom Hauptsatz.
- Wenn ich mit dem Fahrrad fahre, bin ich schneller.
- Ich bin, wenn ich mit dem Fahrrad fahre, schneller.
- Ich bin schneller, wenn ich mit dem Fahrrad fahre.

Infinitiv- und Partizipgruppen: Ein Komma muss gesetzt werden, wenn Infinitiv- und Partizipgruppen eingeschoben sind oder wenn sie durch ein hinweisendes Wort angekündigt oder einen Rückverweis wieder aufgenommen werden:
- Ich träumte **davon**, Balletttänzerin zu werden.
- Balletttänzerin zu werden, **davon** träumte ich.
- Sabine balancierte, **ihre Arme zur Seite gestreckt**, über den Baumstamm.

Satzreihe oder Satzgefüge? – Zukunftswünsche

1 Setze die Kommas und kreuze an, aus welchem Grund bei folgenden Sätzen das Komma gesetzt werden muss.

	Satzreihe	Satzgefüge
a) Erik möchte Schauspieler werden, das steht schon lange fest.	☒	☐
b) Für Andreas steht an erster Stelle dass er einmal viel Geld verdienen möchte.	☐	☐
c) Hendrik kann sich ein Studium gut vorstellen aber ganz sicher ist er noch nicht.	☐	☐
d) Fußballprofi ist Benjamins größter Berufswunsch eine solide Ausbildung geht jedoch für ihn vor.	☐	☐
e) Wenn Carmen ein gutes Abitur macht möchte sie gerne Medizin studieren.	☐	☐
f) Für den sprachbegabten Marc steht fest dass er später Dolmetscher werden möchte.	☐	☐

2 Gehe vor wie in Aufgabe 1.

	Satzreihe	Satzgefüge
a) Paul möchte später eine Familie gründen außerdem möchte er Pilot werden.	☐	☐
b) Freude an technischen Zusammenhängen bringt er mit gut rechnen kann er sowieso.	☐	☐
c) Wenn er Glück hat wird er vielleicht einen Ausbildungsplatz bei einer großen Fluggesellschaft bekommen.	☐	☐
d) Viele Länder und Kontinente möchte er gerne kennenlernen auch im Ausland zu arbeiten kann er sich vorstellen.	☐	☐
e) Alles in allem ist Paul fest überzeugt dass er seinen großen Traum verwirklichen kann.	☐	☐

3 Unterstreiche die Hauptsätze blau und die Nebensätze rot. Setze dann die fehlenden Kommas und Satzschlusszeichen.

Kann man den Beruf „Schauspieler" lernen?

Schauspieler verkörpern fiktive oder historische Charaktere in Theater, Film und Fernsehen. Zur Darstellung der Figur verwenden Schauspieler Ausdrucksmittel wie Gestik, Mimik, Stimme und Körpersprache. Beschäftigt werden sie meist an öffentlichen Theatern, privaten Bühnen sowie bei Film, Fernsehen und Radiosendern neben dem Rollenspiel können Schauspieler auch als Synchronsprecher oder Moderator tätig sein.
Voraussetzungen für den Beruf sind schauspielerisches Talent, Disziplin und ein gutes Gedächtnis ein ausgeprägtes Einfühlungsvermögen und eine gute Beobachtungsgabe erleichtern den Zugang zum Beruf.
Schauspieler/Schauspielerin ist als Berufsbezeichnung nicht geschützt. Wer beim Film oder Theater spielt hat allerdings in der Regel eine Ausbildung absolviert, etwa an einer privaten oder öffentlichen Schauspielschule oder an einer Kunsthochschule.
Die Ausbildung an Schauspielschulen dauert meist zwischen drei und vier Jahren Ein Studium das an einer Kunsthochschule üblicherweise acht Semester dauert ist ebenfalls möglich.

Zeichensetzung sicher beherrschen

4 Bei den folgenden Sätzen sind die Kommas durcheinandergeraten. Berichtige die Zeichensetzung und kreuze an, ob eine Partizip- oder eine Infinitivgruppe vorliegt.

	Partizip-gruppe	Infinitiv-gruppe
a) Evas Wunschtraum ist es, auf der Bühne zu stehen und Schauspielerin zu werden.	☐	☒
b) Sie lässt durch einen überzeugenden Auftritt, im Schultheater angeregt dieses Berufsziel nicht mehr los.	☐	☐
c) Ihr bereitet über ein gutes Gedächtnis verfügend das Auswendiglernen längerer Texte, keine besonderen Probleme.	☐	☐
d) „Mensch wäre es, toll eine größere Rolle in einem Film zu spielen" denkt sie oft.	☐	☐
e) Doch der Weg den man gehen, muss um das Ziel zu erreichen ist weit, und schwierig.	☐	☐
f) Eva über eine besondere Ausstrahlung verfügend weiß dass, Talent und Fleiß allein nicht reichen.	☐	☐

5 Setze in folgenden Sätzen die fehlenden Kommas.
6 Schreibe in die Kästchen die Zahl für die passende Regel: 1) Infinitivgruppe, 2) Partizipgruppe, 3) Satzreihe, 4) Satzgefüge

a) Zukunftsträume sind wichtig, weil sie uns voranbringen und uns motivieren. [4]

b) Doch manchen Eltern wird es mulmig zumute wenn die Kinder ihre Vorstellungen von der beruflichen Zukunft mitteilen. [ ]

c) Der eine träumt von seinen Fähigkeiten im Jonglieren überzeugt von einer großen Karriere in einem berühmten Zirkus. [ ]

d) Der andere strebt danach ein großer Schauspieler oder Musiker zu werden. [ ]

e) Da tönt es aus manchem Elternmunde: „Mach das Abitur studiere dann lege deine Examensprüfung ab, danach kannst du dich immer noch deinen Träumen und Visionen widmen." [ ]

Von Anrede bis Zusatz

Zusätze und Nachträge: Sie werden mit Komma vom Hauptsatz getrennt:
Gestern, es war Neujahr, habe ich lange geschlafen.

Anrede und Ausruf: Auch sie werden mit Komma vom Hauptsatz getrennt:
Das, mein lieber Freund, erzähle ich dir beim nächsten Mal.

Direkte Rede: Der nachfolgende oder eingeschobene Begleitsatz wird durch Kommas abgetrennt:
„Ich habe gute Laune, weil bald die Ferien beginnen", meint David strahlend.
„Das Wetter ist heute", sagte er, „besser als in den letzten Tagen."

Zeichensetzung sicher beherrschen

1 Unterstreiche Zusätze, Nachträge, Anreden und Ausrufe und setze die fehlenden Kommas.
2 Kennzeichne auch die direkte Rede mit Anführungszeichen.

Oh je wir schaffen es schon wieder nicht ins Kino. Lass uns meine Liebe doch morgen endlich gehen. Der letzte Film mit diesem hinreißenden Schauspieler diesem großen Blonden habe ich auch schon verpasst. Das soll uns nicht wieder passieren! Ach den hast du ohne mich gesehen du Verräter? Na warte wenn wir morgen ins Kino gehen musst du mir eine Portion Popcorn ausgeben aber eine große!

3 Unterstreiche Zusätze, Anreden und Ausrufe in unterschiedlichen Farben.
4 Kennzeichne die direkte Rede mit Anführungszeichen.
5 Setze alle fehlenden Zeichen.

Ach war das ein schöner Film meinte Paula. Also mein Geschmack war es nicht erwiderte Klaus. Du meine Liebe glaubst doch wohl nicht dass das Leben so spielt wie in diesem Film. Da träumt ein junges Mädchen von einer Karriere als Sängerin und ihr Traum geht auch noch in Erfüllung. Du scheinst ähnlich leichtgläubig zu sein wie die Schar von jungen Leuten sogenannte Superstars die man jede Woche in diesen Castingshows sehen kann. Das hätte ich mir ja denken können dass du mal wieder keinen Sinn für Romantik hast. Manchmal das zeigt auch das Leben werden Träume doch Wirklichkeit entgegnete Paula. Gefühle liebe Paula sind doch nicht alles. Die Handlung im Film sollte auch eine gewisse Logik haben, dann würde mir ein solcher Film auch gefallen versicherte Klaus ein gescheiterter Ex-Polizist jetzt plötzlich als erfolgreicher Musikproduzent auftretend das soll ich für glaubwürdig halten? Weißt du was Klaus? In den nächsten Film gehe ich mit Sabine. Die da bin ich mir sicher wäre ganz meiner Meinung und du stündest alleine da beendete Paula die Diskussion.

Aufzählungen

Aufzählungen: Das Komma trennt einzelne Wörter, Wortgruppen oder Satzglieder voneinander: Paul verschenkt Spiele, eine Mütze und ein Skateboard.

1 Im folgenden Text fehlen die Kommas bei Aufzählungen. Ergänze sie.

Felix lässt keine Gelegenheit dazu aus, sich im Fernsehen Sendungen über Technik Astronomie und vor allem Raumfahrt anzusehen. Schließlich will er selbst einmal Astronaut werden, das ist beschlossene Sache. Dass man Luft- und Raumfahrttechnik in Aachen studieren kann, hat Felix bereits herausgefunden. Schon jetzt hofft er brennend darauf, dort einmal einen Praktikumsplatz zu bekommen. Raketen Raumstationen ferne Galaxien und Sonnensysteme faszinieren ihn schon seit Langem. Jeden

Zeichensetzung sicher beherrschen

Tag liest er etwas Neues darüber sucht genauere Informationen und recherchiert im Internet. Auch sein Bücherregal ist voll mit Werken zu diesen Themen. Seinen Traum Wirklichkeit werden zu lassen, wird nicht leicht sein, weil neben Interesse Wissen und Können auch körperliche Fitness für einen Astronauten wichtig ist. Dass man dann einfach auch Glück haben muss, für eine Weltraummission ausgewählt zu werden, dessen ist sich Felix bewusst. Doch es ist nicht seine Sache, die Hoffnung vorschnell aufzugeben.

2 Hier sind die Kommas durcheinandergeraten. Streiche die falsch gesetzten Kommas durch und ergänze die fehlenden.

a) Menschenkenntnis Sprachbegabung und das Interesse, an fremden Kulturen sind wichtige Voraussetzungen für den Beruf des Reiseführers.

b) Mit unterschiedlichen, Flugzeugtypen verschiedenen, Antriebsarten aber auch der Geschichte des Fliegens kennen Paul und Erika sich gut aus.

c) Mathematische, Gesetze physikalische, Einheiten chemische, Formeln dies alles interessiert Matthias überhaupt nicht.

d) Martina Verena Eva und Claudia verbindet dass sie nach dem Abitur, für ein Jahr ins Ausland gehen möchten.

e) Achim und Ralf träumen, von einer Karriere, als Skifahrer die sie in die Bergwelten von Italien Frankreich Österreich und der Schweiz führt.

3 Setze alle notwendigen Kommas.

Marie da ist sie sich sicher möchte Skilangläuferin werden. Um ihr Ziel zu erreichen muss sie weiterhin hart trainieren denn die Konkurrenz ist stark. Das Training für die Wettkämpfe die im Winter anstehen beginnt bereits im Sommer auf kurzen Rollskiern. Viele Wettkämpfe hat sie in ihrer Altersklasse schon gewonnen oft stand sie auf dem Podest. Es bleibt ihr größtes Ziel bei einer Weltmeisterschaft im Staffellauf für Deutschland an den Start zu gehen alles zu geben und die Goldmedaille zu gewinnen.

Zeichensetzung sicher beherrschen

4 Bilde mithilfe des vorgegebenen Wortmaterials Sätze und setze alle Kommas.

a) Architekt – sein – Julian – Wunsch – es – sein

Julians Wunsch ist es, Architekt zu werden.

b) er – umgehen – im Zeichnen – mit Zahlen – können – haben – gute Noten

c) Beruf – ausüben – der – ach – Freude – machen – schön – sein – einem – es

d) es – Häuser – planen – Spaß – machen – ihm – einrichten – und – dass – er – gemerkt haben

e) in Erfüllung – bevor – auf – können – das Abitur – sein Traum – gehen – sich – müssen – konzentrieren

f) gelingen – sein Ziel – es – ihm – sehr gut – verfolgend – sicherlich

5 Bilde fünf eigene Sätze zum Thema „Zukunft" oder „Berufswunsch", in denen Kommas zu den angegebenen Regeln gesetzt werden.

a) Zusatz / Nachtrag:

b) Aufzählung:

c) Satzreihe:

d) Partizipgruppe:

e) Anrede / Ausruf:

Teste dein Können!

1 Setze alle fehlenden Kommas.
2 Gib in der Randspalte an, für welche Regel du dich entschieden hast.

(1) Aufzählung – (2) Satzreihe – (3) Satzgefüge – (4) Infinitivgruppe – (5) Partizipgruppe – (6) Zusätze/Nachträge – (7) Anrede/Ausruf – (8) Direkte Rede

a) Carla hat ein Geheimnis, sie möchte Schriftstellerin werden. 2

b) Bisher hat sie ihre Gedichte Kurzgeschichten und anderen Texte noch niemandem gezeigt. ______

c) Ach was wäre das peinlich wenn andere darüber lachen würden. ______

d) Dabei ist Carla eigentlich überzeugt dass sie interessant und spannend schreiben kann. ______

e) Auch über einen guten sprachlichen Stil verfügt sie das hat ihr ihre Deutschlehrerin mehrfach bestätigt. ______

f) Doch andere ihre Schreibversuche lesen zu lassen das hat sie sich bisher noch nicht getraut. ______

g) Romane Erzählungen und auch Poesie lesend versucht sie sich Anregungen für ihr eigenes Schreiben zu holen. ______

h) Dabei weiß sie noch nicht genau ob sie später einmal Fantasy-Geschichten Krimis Abenteuerromane oder doch lieber Kinderbücher schreiben will. ______

i) Zurzeit schreibt sie wie erst gestern wieder am häufigsten Gedichte. ______

j) Doch weil die oft sehr persönlich sind kann sie sich nicht vorstellen davon jemals etwas zu veröffentlichen. ______

k) Mensch Carla denkt sie manchmal gib dir einen Ruck zeig doch einmal deiner Lehrerin einen Text! ______

l) Wenn ihr eine ihrer Geschichten gefällt kann sie sich da ist sie sicher Hoffnungen machen dass auch andere ihre Werke gerne lesen werden. ______

m) Doch bis dahin das weiß sie wird noch viel Zeit vergehen. ______

n) Am schwierigsten wird es sein überhaupt einen Verlag zu finden der einen ihrer Romane veröffentlichen würde. ______

o) Doch davon nicht entmutigt vertraut sie immer fester ihrem bisher noch geheimen Talent. ______

3 Bilde mithilfe des vorgegebenen Wortmaterials Sätze und setze alle Kommas.
4 Gib in der Randspalte, wie in Aufgabe 2, die passende Regel an.

a) träumen – Benedikt – ein Spitzenkoch – sein – davon

Benedikt träumt davon, ein Spitzenkoch zu werden. 4

b) verwöhnen – fast jeden Tag – weil – neue Gerichte – ausprobieren – sie – und – sich – kochen – ausdenken – er – seine Familie – müssen – kaum noch – seine Mutter

c) oft – er – verfolgen – tolle Menüs – im Fernsehen – die – die Starköche – zubereiten – raffiniert

d) eine eigene Kochshow – etwas Tolles – sich – denken – er – sein

e) sein – du – mein Sohn – ein Koch – mir – sein – bekannt – erfolgreich – und – groß – ich – sicher - da

Verb: Konjugieren
Wiederholung
Verbformen erkennen und bestimmen
Seite 5
1

a) Wir springen heute drei Saltos auf dem großen Trampolin.
b) Du fährst gleich mit mir auf dem Tandem.
c) Sie waren die 100 Meter in 20 Sekunden gelaufen, das fanden wir nicht besonders schnell.
d) Ich war mutig, denn ich trat gegen die Jahrgangsbesten im Weitsprung an.
e) Er fiel hin, weil die anderen gerufen hatten.
f) Weil wir verloren haben, werdet ihr rennen.
g) Alles spricht dafür, dass ihr am Abend gesiegt haben werdet.
h) Es ist also sehr wahrscheinlich, dass unser Trainer am Abend ein dickes Lob ausgeteilt haben wird.
i) Ich werde auch ein Rennen gewinnen.
j) Sie warfen den Diskus, die Zuschauer klatschten.
k) Schon vorher hatte ich mich gefreut.
l) Sie kämpft um den Sieg.
m) Ihr habt zugeschaut, bis ich endlich getroffen habe.
n) Du wirst sehen, dass auch du viel Spaß haben wirst.

2/4

Präsens	Präteritum	Perfekt
wir springen	wir **fanden**	wir haben **verloren**
du **fährst**	ich **war** mutig	ihr habt zugeschaut
es **spricht** dafür	ich **trat** an	ich habe **getroffen**
es **ist** wahrscheinlich	er **fiel** hin	
sie kämpft	sie **warfen**	
	sie klatschten	

Plusquamperfekt	Futur I	Futur II
sie waren **gelaufen**	ich werde **gewinnen**	ihr werdet gesiegt haben
sie hatten **gerufen**	du wirst **sehen**	er wird ausgeteilt haben
ich hatte mich gefreut	du wirst haben	
	ihr werdet rennen	

Verbformen bilden
Seite 6
5

a) er hat **getroffen**
b) wir lachen
c) du **sprangst**
d) wir hatten **gesehen**
e) sie werden kämpfen
f) ihr **verliert**
g) ich hatte geweint
h) du hast geklatscht
i) er wird **hingefallen** sein

Seite 7
6

b) Anne hatte ihre Eltern zu einem Besuch des Sportfestes überredet und sie *kamen* dann auch.
→ 3. Ps. Sg. Plusquamperfekt; 3. Ps. Pl. Präteritum

c) Auch ihre Freundin Marie *fand* die Idee gut.
→ 3. Ps. Sg. Präteritum

d) Gemeinsam mit Annes Bruder Dominik und ihren Eltern haben sie sich auf den Weg gemacht.
→ 3. Ps. Pl. Perfekt

e) Am Einlass *standen* sie wegen des großen Andrangs eine Weile an.
→ 3. Ps. Pl. Präteritum

f) Später werden sie zusammen mit den anderen Zuschauern die Athleten anfeuern.
→ 3. Ps. Pl. Futur I

g) Ob sie wohl ein Autogramm *bekommen werden*?
→ 3. Ps. Pl. Futur I

Seite 8
7

Die Sportler des Jahres in Schleswig-Holstein
Die Leser des Neustädter Boten und die Hörer von Antenne 08 werden wieder die Sportler des Jahres wählen (3. Ps. Pl. Futur I). Die Redaktionen haben die erfolgreichsten Sportler des Jahres den Lesern und Hörern vorgestellt (3. Ps. Pl. Perfekt). Julia Henkelmann **lief** (3. Ps. Sg. Präteritum) bei der letzten deutschen Jugendmeisterschaft einen neuen Rekord und ist (3. Ps. Sg. Präsens) damit wieder eine Topfavoritin für den Titel. Das Gleiche

gilt (3. Ps. Sg. Präsens) für Simon Westerholt mit seinem Hengst Bento, der schon ein großes S-Springen gewonnen hat (3. Ps. Sg. Perfekt). Dabei hatte Simon nach seinem Sturz beim Großen Preis von Westerland schon alle Hoffnung auf eine erfolgreiche Saison aufgegeben (3. Ps. Sg. Plusquamperfekt). Wie wird wohl Marie Julie von Boden abschneiden (3. Ps. Sg. Futur I), die erfolgreiche Tennisspielerin, die sogar schon an den Australian Open teilnahm (3. Ps. Sg. Präteritum) und dort die Qualifikationsrunde souverän überstand (3. Ps. Sg. Präteritum)? Wir sind (1. Ps. Pl. Präsens) alle sehr neugierig auf das Votum von Lesern und Hörern.

Seite 8/9

8/9

Anne: Ich **fand** den Hindernislauf vorhin besonders spannend. In den letzten Runden **hatten** es manche Läufer schwer, über die Hürden zu springen. [...]

Anne: Welche Sportart **hat** dir bisher am besten **gefallen**? [...]

Anne: Bei uns im Sportclub haben wir das Springen über die Latte ja auch schon versucht. Aber der Erfolg **war** nicht so **überwältigend**.

Marie: Deshalb möchte ich mir hier vielleicht den ein oder anderen Trick abschauen. Das Entscheidende beim Hochsprung **ist** doch die Technik.

Anne: Ich bin vor allem froh, dass wir damals auch so eine weiche Matte **hatten**, in die du nach dem Sprung hineinfällst.

Marie: Gleich **werden** wir uns den 1500 m-Lauf **ansehen**. Bei längeren Laufstrecken **finde** ich sehr spannend, mit welcher Taktik gelaufen wird.

Anne: Stimmt! Die Kurzstreckenläufer **laufen** ja einfach nur drauf los.

Marie: Das müssen wir jetzt auch, sonst **werden** wir noch den Startschuss **verpassen**.

Seite 9

11

b) Beide hatten großen Hunger verspürt.
c) Die Mutter verzichtete lieber auf ein Würstchen.
d) Zum Start des Hürdenlaufs wollen sie zurück sein.
e) Die Familie wird wohl mit vielen Eindrücken nach Hause fahren.

Aktiv – Passiv

Passivformen wiederholen

Seite 10/11

1/2

3. Ps. Sg. Präsens Passiv:	*Er / sie/ es wird angekündigt.* *Er / sie / es wird gerufen.* Er / sie / es wird überholt.
2. Ps. Pl. Präteritum Passiv:	Ihr wurdet angekündigt. Ihr wurdet gerufen. *Ihr wurdet überholt.*
1. Ps. Pl. Perfekt Passiv:	Wir sind angekündigt worden. Wir sind gerufen worden. Wir sind überholt worden.
2. Ps. Sg. Plusquamperfekt Passiv:	Du warst angekündigt worden. Du warst gerufen worden. Du warst überholt worden.
3. Ps. Pl. Futur I Passiv:	Sie werden angekündigt werden. Sie werden gerufen werden. Sie werden überholt werden.
1. Ps. Sg. Futur II Passiv:	Ich werde angekündigt worden sein. Ich werde gerufen worden sein. Ich werde überholt worden sein.

Seite 11

3

Während die Silbe „ge“ bei der Partizipform des Verbs „rufen“ vorangestellt ist (**ge**rufen), wird sie bei dem Verb „ankündigen“ eingeschoben (an**ge**kündigt). Bei der Partizipform des Verbs „überholen“ ist sie dagegen nicht vorhanden (überholt).

Seite 11/12

4

b) Die Springerin wird von der Matte aufgefangen.
Springerin: Nominativ; Subjekt
Matte: Dativ; Objekt
c) Der Erfolg wird von den Zuschauern bejubelt.
Erfolg: Nominativ; Subjekt
Zuschauer: Dativ; Objekt
d) Anne und Marie werden von der Begeisterung anderer Sportfans mitgerissen.
Anne und Marie: Nominativ; Subjekt
Begeisterung: Dativ; Objekt
e) Die Latte wird vom Kampfrichter um 2 cm höher gelegt.
Latte: Nominativ; Subjekt
Kampfrichter: Dativ; Objekt
f) Die noch im Wettbewerb befindlichen Sportlerinnen werden von ihren Anhängern angefeuert.
Sportlerinnen: Nominativ; Subjekt
Anhänger: Dativ; Objekt

Präsens Passiv gegen Futur I Aktiv abgrenzen

Futur I Aktiv oder Präsens Passiv?

Seite 12

1

Beim Zehnkampf werden zehn verschiedene Sportarten aus dem Bereich der Leichtathletik durchgeführt. Die Wettkämpfe werden dabei auf zwei Tage verteilt. Nach dem ersten Tag kann oft nicht gesagt werden, wer am Ende der Sieger sein wird. Von den Sportlern wird ein hohes Maß an Vielseitigkeit verlangt. Dieser Anforderung werden nur wenige gerecht. Ob Laufen, Springen oder Werfen – überall werden gute Leistungen erwartet. Darum ist es schwer zu sagen, ob sich ein Leichtathlet als Zehnkämpfer durchsetzen wird. Für die einzelnen Disziplinen werden jeweils Punkte vergeben. Die Gesamtsumme wird am Ende des zweiten Tages zusammengerechnet. Wer die höchste Punktzahl erzielt hat, wird zum Sieger erklärt. Dabei kann man vorher nicht wissen, wer von den Sportlern alle Disziplinen durchhalten wird. Wegen der großen Herausforderung werden die Zehnkämpfer auch die „Könige der Leichtathletik" genannt.

Seite 13

2/3

ich werde spielen, sie wird stürzen, der Lauf wird gestartet, sie werden umgeworfen, es wird gebaut, du wirst zittern, du wirst rennen, es wird gewertet, ihr werdet klettern, wir werden geehrt, er wird besiegt, ich werde feier, du wirst gerettet, ihr werdet kämpfen, sie werden überholt, wir werden zuschauen

Futur I Aktiv	Erkennungszeichen	Präsens Passiv	Erkennungszeichen
ich werde spielen	„spielen" = Infinitiv	der Lauf wird gestartet	„gestartet" = P. II
sie wird stürzen	„stürzen" = Infinitiv	sie werden umgeworfen	„umgeworfen" = P. II
du wirst zittern	„zittern" = Infinitiv	es wird gebaut	„gebaut" = P. II
du wirst rennen	„rennen" = Infinitiv	es wird gewertet	„gewertet" = P. II
ihr werdet klettern	„klettern" = Infinitiv	wir werden geehrt	„geehrt" = P. II
ich werde feiern	„feiern" = Infinitiv	er wird besiegt	„besiegt" = P. II
ihr werdet kämpfen	„kämpfen" = Infinitiv	du wirst gerettet	„gerettet" = P. II
wir werden zuschauen	„zuschauen" = Infinitiv	sie werden überholt	„überholt" = P. II

Futur I Aktiv und Präsens Passiv bilden

Seite 13/14

5/6

b) Die Sportler trainieren die Abläufe viele Wochen im Jahr.

Futur I Aktiv: Die Sportler werden die Abläufe viele Wochen im Jahr trainieren.

c) Der Hammerwerfer wirft hoffentlich den Hammer nach mehreren Drehungen sehr weit.

Futur I Aktiv: Der Hammerwerfer wird hoffentlich den Hammer nach mehreren Drehungen sehr weit werfen.

d) Die Hürdenläufer überspringen in einer Runde mehrere Hürden.

Präsens Passiv: Mehrere Hürden werden von den Hürdenläufern in einer Runde übersprungen.

e) Die Speerwerferin wirft den Speer fast in die Zuschauermenge.

Präsens Passiv: Der Speer wird von der Speerwerferin fast in die Zuschauermenge geworfen.

Seite 14

7/8

b) Präsens Passiv: Der Stab wird von einem Staffelläufer zum anderen weitergegeben.

Futur I Aktiv: Die Staffelläufer werden den Stab von einem zum anderen weitergeben.

c) Präsens Passiv: Die Abdrücke der Diskusscheibe werden von den Kampfrichtern gesucht.

Futur I Aktiv: Die Kampfrichter werden die Abdrücke der Diskusscheibe suchen.

d) Präsens Passiv: Die Latte wird im letzten Moment vom Springer heruntergerissen.

Futur I Aktiv: Der Springer wird im letzten Moment die Latte herunterreißen.

e) Präsens Passiv: Eine der anderen Läuferinnen wird von der späteren Siegerin überrundet.

Futur I Aktiv: Die spätere Siegerin wird eine der anderen Läuferinnen überrunden.

f) Präsens Passiv: Eine Vereinsfahne wird vom Gewinner durch das Stadion getragen.

Futur I Aktiv: Der Gewinner wird eine Vereinsfahne durch das Stadion tragen.

Handlungs- und Zustandspassiv
Handlungs- und Zustandspassiv bilden

Seite 15

1

b) ich wurde verfolgt
c) sie waren gefangen worden
d) du wirst gesucht
e) wir sind gefahren worden
f) ihr werdet gesehen werden

2

b) wir werden besiegt sein
c) ihr wart begeistert gewesen
d) er wird geöffnet gewesen sein
e) ich bin geblendet
f) sie sind überzeugt gewesen

Handlungs- und Zustandspassiv erkennen und umwandeln

3/4

	Zustand	Vorgang
a) Der Weitsprungwettbewerb wurde bereits vor 20 Minuten angekündigt.	☐	☒
b) Gerade ist die Anlaufbahn für den nächsten Teilnehmer freigegeben.	☒	☐
c) Doch sein Versuch wird als ungültig gewertet.	☐	☒
d) Der folgende Springer ist aufgerufen.	☒	☐
e) Seine Weite wird mit 6,85 m angegeben.	☐	☒
f) Der neue Rekord wird an der Anzeigetafel eingeblendet.	☐	☒
g) Ein sehr gutes Ergebnis ist damit vorgelegt.	☒	☐

Seite 16

5

Handlungspassiv	Zustandspassiv
Der nächste Springer wird aufgerufen.	Der nächste Springer ist aufgerufen.
Der Sand in der Sprunggrube wird glatt gekehrt.	Der Sand in der Sprunggrube ist glatt gekehrt.
Das Startsignal wird vom Kampfgericht gegeben.	Das Startsignal ist vom Kampfgericht gegeben.
Das Absprungbrett wird getroffen.	Das Absprungbrett ist getroffen.
Die erzielte Weite wird gemessen.	Die erzielte Weite ist gemessen.
Das Ergebnis wird an der Tafel angezeigt.	Das Ergebnis ist an der Tafel angezeigt.
Die Sprunggrube wird für den nächsten Teilnehmer vorbereitet.	Die Sprunggrube ist für den nächsten Teilnehmer vorbereitet.
Ein neuer Rekord wird aufgestellt.	Ein neuer Rekord ist aufgestellt.

Seite 16/17

6

b) Das Startsignal ist vom Kampfrichter gegeben. (Zustandspassiv)
c) Der Sand in der Sprunggrube wird glatt gekehrt. (Handlungspassiv)
d) Der Wettkampf ist durch den Wettkampfrichter freigegeben. (Zustandspassiv)
e) Die erzielte Weite wird gemessen. (Handlungspassiv)
f) Ein neuer Weltrekord ist aufgestellt. (Zustandspassiv)
g) Der Sieger wird von den Zuschauern bejubelt. (Handlungspassiv)

Seite 17

7

Dominik und seine Mutter schauen sich den Stabhochsprungwettbewerb an. Wie auch das Kugelstoßen oder Diskuswerfen wird der Stabhochsprung zu den technischen Disziplinen gezählt. Der Sportler ist dabei durch das Zusammenspiel von Kraft, Schnelligkeit und Beherrschung des Stabes besonders gefordert. Die Stäbe werden in unterschiedlichen Härtegraden angefertigt. Schon die richtige Auswahl kann über Sieg oder Niederlage entscheiden. Die zu überspringende Latte wird während des Wettbewerbs stufenweise erhöht. Dominik hält den Atem an. Gerade wurde die Latte von einem Springer leicht berührt. Sie bewegte sich, ist aber liegen geblieben. Der Sprung ist gültig gewertet. Die Anlaufbahn ist für den nächsten Teilnehmer freigegeben. Doch der hat weniger Glück. Die nötige Höhe ist nicht erreicht. Die Latte wird von der Halterung gerissen. Der Anlauf war offensichtlich falsch berechnet. Vielleicht wird ihm der nächste Versuch gelingen.

Seite 18

8

b) Zustandspassiv: Der Sprung ist gültig gewertet.
Handlungspassiv: Der Sprung wird gültig gewertet.

c) Zustandspassiv: Die Anlaufbahn ist für den nächsten Teilnehmer freigegeben.
Handlungspassiv: Die Anlaufbahn wird für den nächsten Teilnehmer freigegeben.

d) Zustandspassiv: Die nötige Höhe ist nicht erreicht.
Handlungspassiv: Die nötige Höhe wird nicht erreicht.

e) Zustandspassiv: Der Anlauf war offensichtlich falsch berechnet.
Handlungspassiv: Der Anlauf wurde offensichtlich falsch berechnet.

9

	richtig	falsch
a) Das Futur I Aktiv wird mit *werden* + Partizip II gebildet.	☐	☒
b) Das Futur I Aktiv wird mit *werden* + Infinitiv gebildet.	☒	☐
c) Das Präsens Passiv wird mit *werden* + Infinitiv gebildet.	☐	☒
d) Das Präsens Passiv wird mit *werden* + Partizip II gebildet.	☒	☐
e) Im Passivsatz wird das Subjekt des Aktivsatzes zum Objekt.	☒	☐
f) Im Passivsatz wird das Objekt des Aktivsatzes zum Subjekt.	☒	☐
g) Zustands- und Handlungspassiv sind sowohl in den Formen als auch in der Aussage identisch.	☐	☒
h) Zustands- und Handlungspassiv unterscheiden sich sowohl in der Form als auch in der Aussage.	☒	☐

Konjunktiv I und II
Formen des Konjunktivs II erkennen
Seite 19/20

1

Infinitiv	Indikativ Prät. 3. Ps. Pl.	Verb regelmäßig/ unregelmäßig	Ersatzform nötig? Ja	Nein	Konjunktiv II 3. Ps. Pl. Prät.
sagen	sie sagten	regelmäßig	☒	☐	sie würden sagen
kommen	sie kamen	unregelmäßig	☐	☒	sie kämen
singen	sie sangen	unregelmäßig	☐	☒	sie sängen
können	sie konnten	unregelmäßig	☐	☒	sie könnten
hüpfen	sie hüpften	regelmäßig	☒	☐	sie würden hüpfen
kämpfen	sie kämpften	regelmäßig	☒	☐	sie würden kämpfen

Seite 20

2

b) Unser Selbstvertrauen wäre größer.	größer sein
c) Wenn wir weniger foulen würden, erhielte die gegnerische Mannschaft weniger Freiwürfe.	foulen, erhalten
d) Wir würden mehr Treffer durch Weitwürfe erzielen.	erzielen
e) Unser Punktekonto würden wir schneller vergrößern.	vergrößern
f) Wenn wir ehrlich wären, würden wir die Schuld an dem schlechten Punktestand bei uns suchen.	ehrlich sein, suchen

Formen des Konjunktivs II bilden

1

b) ich laufe	→	ich lief	→	ich liefe
c) ihr nehmt	→	ihr nahmt	→	ihr nähmt
d) du pfeifst	→	du pfiffst	→	du pfiffest
e) wir ziehen	→	wir zogen	→	wir zögen
f) er tritt über	→	er trat über	→	er träte über
g) sie treffen	→	sie trafen	→	sie träfen
h) ich sehe	→	ich sah	→	ich sähe
i) sie ruft	→	sie rief	→	sie riefe

Seite 21

3

b) Wäre er aufmerksamer gewesen, *hätte er den freien Mitspieler gesehen.*

c) Wenn ich einen Basketballkorb an der Hauswand hätte, *würde ich häufiger üben.*

d) Wenn ich jedoch an der Hauswand üben würde, *wäre unser Nachbar wenig begeistert.*

e) Wäre das Basketballfeld auf dem Schulhof nicht ständig von Größeren belegt, *könnte ich dort mit meinen Freunden üben.*

4

Die Ersatzform kann man bei d) verwenden: Würde ich mich mehr konzentrieren …

Seite 22

5

b) Hätte ich kein böses Foul begangen, hätte ich keine Strafzeit bekommen.
c) Wäre das Zuspiel genauer gewesen, wären die Angriffe erfolgreicher gewesen.
d) Hätte ich konsequenter verteidigt, wären weniger Korbwürfe meines Gegners möglich gewesen.
e) Hätte ich besser aufgepasst, hätte ich mehr Bälle abgefangen.
f) Hätte ich keine Müdigkeitserscheinungen gezeigt, wäre ich nicht ausgewechselt worden.

Sätze mit dem Konjunktiv II bilden

Seite 23

1

a) Der Platz **hätte** trockener und damit leichter bespielbar **sein können**.
b) Der Ball **hätte** anders **aufspringen sollen**.
c) Julians Aufschlag **wäre** fast noch im Feld **gelandet**.
d) Anna Lenas Return **wäre** beinahe noch zu lang **gewesen**.
e) Mit einem weiteren Punkt **hätte** Julian sein Aufschlagspiel **gewonnen** und den Satz für sich **entschieden**.
f) Anna Lena **hätte** näher an das Netz **herankommen müssen**.
g) Julian **hätte** nicht mit diesem Schlag von Anna Lena **gerechnet**.
h) Beinahe **hätte** Anna Lena ihren zweiten Aufschlag ins Aus **geschlagen**.

Seite 23/24

2

b) Hätte Anna Lena Julians Vorhandball zurückschlagen können, wäre ihr der Punkt sicher gewesen.
c) Ach, hätte Julian diesen Ball doch besser nur mit der Rückhand geschlagen.
d) Hätte Anna Lena mit einem Überkopfball gerechnet, wäre sie nicht so nah ans Netz gegangen.
e) Hätte Julians Return die Netzkante berührt, hätte Anna Lena den Ball nicht mehr erreichen können.

Seite 24

3

a) Hätte Anna Lena doch den Stoppball von Julian noch erlaufen.
b) Hätte Julian den Ball nicht so hart geschlagen, wäre er noch im Feld gelandet.
c) Julian hätte sein erstes Break geschafft, wenn ihm beim Aufschlag ein Ass gelungen wäre.
d) Wäre Anna Lena häufiger ein guter erster Aufschlag gelungen, hätte sie vermutlich das Spiel gewonnen.

Konjunktiv I

Konjunktivformen erkennen und bilden

Seite 25

1

Infinitiv	3. Ps. Sg. Indikativ Präsens	3. Ps. Sg. Konjunktiv I
reden	er redet	(sie meint,) er rede
laufen	er läuft	(sie meint,) er laufe
suchen	er sucht	(sie meint,) er suche
springen	er springt	(sie meint,) er springe
finden	er findet	(sie meint,) er finde
gehen	er geht	(sie meint,) er gehe

Seite 26

2

Indikativ Präsens	Konjunktiv I		Ersatzform (Konjunktiv II)
ich sehe	ich sehe	→	ich sähe
du siehst	du sehest		
er sieht	er sehe		
wir sehen	wir sehen	→	wir sähen
ihr seht	ihr sehet		
sie sehen	sie sehen	→	sie sähen
ich siege	ich siege	→	ich würde siegen
du siegst	du siegest		
er siegt	er siege		
wir siegen	wir siegen	→	wir würden siegen
ihr siegt	ihr sieget		
sie siegen	sie siegen	→	sie würden siegen
ich hole	ich hole	→	ich würde holen
du holst	du holest		
er holt	er hole		
wir holen	wir holen	→	wir würden holen
ihr holt	ihr holet		
sie holen	sie holen	→	sie würden holen

Seite 27

3

Konjunktiv I	Ersatzform nötig? Ja	Nein	Ersatzform (Konj. II)
a) wir laufen	☒	☐	wir würden laufen
b) sie verlieren	☒	☐	sie verlören
c) sie möge	☐	☒	
d) ich beende	☒	☐	ich würde beenden
e) du treffest	☐	☒	
f) wir spielen	☒	☐	wir würden spielen
g) ihr erkläret	☐	☒	

4

jkels**erwerfe**jesf**wirbesuchen**iwsj**ichmag**klzsc**erhalte**kud**siesehe**faz**ihrbringt**dgjkjw**sielaufe**qeöhgzkjkjkdzgijöjd**sieschaue**akjklvbjöiohds**esgewinne**bzsdajf**erverliere**zdjgkl**dustaunst**jö**wirverzichten**dkljlkjlöjljkjökl jlöhtjäkläkälfklöak**dusagest**zlkejrwnökjkjökjfköjkjfggwf**ihrfoult**lkllkkjwkjöjökadsjöjwr**sieziehe**kö

Indikativ	Konjunktiv I oder Ersatzform
wir besuchen	er werfe
ich mag	er halte
ihr bringt	sie sehe
du staunst	sie laufe
wir verzichten	sie schaue
ihr foult	es gewinne
	er verliere
	du sagest
	sie ziehe

Indirekte Rede I: Konjunktivformen einsetzen
Seite 28

1

b) Kathrin hofft, sie **würden** nicht so viele Runden **laufen**.
c) Stefanie meint, es **sei** ziemlich warm.
d) Kathrin sagt, sie **werde** ihre Technik beim Absprung **verbessern**.

2

a) Stefanie stellt fest, sie **würden** beim Training eine ganze Menge **leisten**.
b) Kathrin erwidert, einige **müssten** aber noch an ihrer Kondition **arbeiten**.
c) Stefanie meint, sie **freue** sich schon auf das Siebenmeterwerfen.
d) Kathrin sagt, sie **trete** leider oft in den Kreis.

Indirekte Rede II: Wörtliche in indirekte Rede umwandeln
Seite 29

1

b) Kathrin antwortet, Stefanie klinge schon wie ihre Trainerin.
c) Stefanie erwidert, Recht habe sie trotzdem.
d) Kathrin meint, sie sehe Stefanie dann nachher bei sich zu Hause.
e) Stefanie verspricht, sie komme auf dem Weg zur Sporthalle bei ihr vorbei.
f) Kathrin sagt, sie warte auf Stefanie.

Seite 29/30

3

Kathrin meint, Stefanie solle froh sein, dass sie beim letzten Training nicht dabei gewesen sei. Zuerst hätten sie zum Lauftraining nach draußen gemusst, obwohl es doch leicht geregnet hätte. Beim Siebenmeterwerfen sei sie so unkonzentriert gewesen, dass ihr viele Fehlwürfe passiert seien. Das Trainingsspiel habe überhaupt keinen Spaß gemacht. Mit Annette und ihrem unfairen Spiel werde es immer schlimmer. Tanja sei von ihr so heftig attackiert worden, dass sie wegen Nasenblutens nicht habe weiterspielen können. Die Trainerin habe Annette gedroht, sie beim nächsten Mal auszuschließen. Aber da sei ihre Laune schon auf dem Tiefpunkt gewesen. Wenn sie heute wieder so spiele, würden die anderen streiken wollen. Sie hoffe, Stefanie mache mit.

Indirekte Rede III: Konjunktive in verschiedenen Tempusformen erkennen
Seite 30

1

	Konjunktiv Perfekt	Konjunktiv Präsens	Konjunktiv Futur
b) Die Trainerin meint, das werde man erst noch sehen.	☐	☐	☒
c) Kathrin klagt, sie habe heute keine Lust zum Aufwärmen.	☐	☒	☐
d) Die Trainerin sagt jedoch, Kathrin müsse unbedingt ein paar Übungen machen.	☐	☒	☐
e) Kathrin erwidert, sie habe sich schon zu Hause aufgewärmt.	☒	☐	☐
f) Die Trainerin teilt Stefanie mit, sie werde beim nächsten Spiel von Beginn an spielen.	☐	☐	☒
g) Stefanie hingegen meint, sie werde wegen einer Familienfeier beim nächsten Spiel leider fehlen.	☐	☐	☒

Konjunktive in verschiedenen Zeiten bilden

Seite 31

2

		Ersatzform nötig? Ja	Nein
Konj. I Perfekt	es sei gelungen	☐	☒
Konj. I Präsens	*es gelinge*	☐	☒
Konj. I Futur	es werde gelingen	☐	☒
Konj. I Perfekt	*wir seien gelaufen*	☐	☒
Konj. I Präsens	wir würden laufen	☒	☐
Konj. I Futur	wir würden laufen	☒	☐
Konj. I Perfekt	er habe geübt	☐	☒
Konj. I Präsens	er übe	☐	☒
Konj. I Futur	*er werde üben*	☐	☒
Konj. I Perfekt	*sie habe gefeiert*	☐	☒
Konj. I Präsens	sie feiere	☐	☒
Konj. I Futur	sie werde feiern	☐	☒
Konj. I Perfekt	sie hätten aufgeholt	☒	☐
Konj. I Präsens	*sie würden aufholen*	☒	☐
Konj. I Futur	sie würden aufholen	☒	☐
Konj. I Perfekt	*sie sei gesprungen*	☐	☒
Konj. I Präsens	sie springe	☐	☒
Konj. I Futur	sie werde springen	☐	☒

Seite 32

3

		Ersatzform nötig? Ja	Nein
a) er sah	→ *er habe gesehen*	☐	☒
b) sie isst	→ sie habe gegessen	☐	☒
c) wir siegen	→ wir hätten gesiegt	☒	☐
d) er wird sich freuen	→ er habe sich gefreut	☐	☒
e) er kann spielen	→ er habe spielen können	☐	☒
f) sie laufen	→ sie seien gelaufen	☐	☒
g) du brachtest	→ du habest gebracht	☐	☒
h) ich konnte schlafen	→ ich hätte schlafen können	☒	☐

Die Tempusfolge in der indirekten Rede anwenden

1

Sabine, Kathrin und Stefanie stehen in einer Pause zusammen. Sabine erzählt, sie habe sich gestern neue Turnschuhe gekauft. Sie fragt die anderen, ob sie sie ihnen zeigen solle. Die anderen beiden sind begeistert. Kathrin meint, die Farbe gefalle ihr besonders gut. Wenn ihre Eltern einverstanden seien, werde sie sich auch solche Schuhe kaufen, verkündet Stefanie. Darum möchte sie wissen, wie viel Geld man dafür ausgeben müsse. Gute Schuhe hätten halt ihren Preis, sagt Sabine nur dazu. Da werde sie wohl bis zu ihrem Geburtstag warten müssen, seufzt Stefanie. Die Trainerin sei schon gekommen, ruft Kathrin, und das Training werde gleich weitergehen.

Seite 33

2

Perfekt: *sie habe sich gekauft*, sie sei gekommen
Präsens: sie solle zeigen, sie gefalle, sie seien einverstanden, man müsse ausgeben, sie hätten ihren Preis
Futur: sie werde kaufen, sie werde warten müssen, es werde weitergehen

Seite 33/34

3/4

b) Technik und Ausdauer **würden** demnächst eine ebenso große Rolle **spielen**. Tempusfolge: nachzeitig
c) Darum **werde** dies in der Gruppe verstärkt **trainiert werden**. Tempusfolge: nachzeitig
d) Ohne solche Maßnahmen **habe** noch kein Sportler dauerhaft **Erfolg gehabt**. Tempusfolge: vorzeitig
e) Dazu **gehöre** auch das unbeliebte Dauerlauftraining. Das anstehende Techniktraining **werde** sicher nicht immer **spannend sein**. Tempusfolge: gleichzeitig; nachzeitig
f) Doch der Spaß **werde** nicht zu kurz **kommen**. Tempusfolge: nachzeitig
g) Darauf **werde** sie **achten**. Tempusfolge: nachzeitig
h) Die älteren Gruppen **seien** früher immer gern zum Training **gekommen**. Tempusfolge: vorzeitig
i) Alle **hätten** ihre Freude am Sport **entdeckt**. Tempusfolge: vorzeitig
j) Die Erlebnisse bei den Handballmeisterschaften **seien** ein Ansporn **gewesen**. Tempusfolge: vorzeitig
k) Viele **hätten** sehr begeistert davon **erzählt**. Tempusfolge: vorzeitig
l) Doch auch die Profis **würden** hart **trainieren**. Tempusfolge: gleichzeitig
m) Vielleicht **werde** eines Tages einer oder ein Teil von ihnen an einer solchen Meisterschaft **teilnehmen**. Tempusfolge: nachzeitig

Seite 34

6

Stefanies Bruder Sebastian und sein Freund Frederik spielen in ihrer Freizeit am liebsten Basketball. Sebastian meint, ihm *gefalle* am Basketball vor allem, dass das Spiel schnell und abwechslungsreich *sein könne*. Frederik findet, Basketballspieler **sollten** über ein gutes Auge **verfügen**. Das **habe** er auch beim letzten Spiel seiner Mannschaft **gesehen**. Oft **habe** er auch aus weiterer Entfernung den Korb **treffen müssen**, um nicht in Rückstand zu geraten. Das **sei** ihm aber nicht immer **gelungen**. Frederik meint, er **werde** bei den nächsten Trainingseinheiten mehr Freiwürfe **trainieren**. Er **habe** nun **erkannt**, dass die dadurch erzielten Treffer je nach Spielverlauf entscheidend **sein könnten**. Darum **werde** er es seinem Trainer leichter **machen** und nicht mehr soviel **meckern**.
Sebastian stimmt ihm zu. Er findet es schwierig, dass man mit dem Ball in der Hand nicht mehr als drei Schritte **laufen dürfe**. Außerdem **habe** er es nicht gut **gefunden**, dass beim letzten Spiel einige Fouls **geschehen seien.** Beide sind sich einig, dass die Spieler bei dieser Ballsportart auf eine besonders faire Spielweise **achten sollten**.

Gesamtübung I
Seite 35

1

Verbform	Bestimmung
du hast gesiegt	2. Ps. Sg. Ind. Perfekt Aktiv
wir werden loben	1. Ps. Pl. Ind. Futur I Aktiv
ich wurde überholt	1. Ps. Sg. Ind. Präteritum Passiv
sie werde jagen	3. Ps. Sg. Konj. Futur I Aktiv
sie waren gefangen worden	3. Ps. Pl. Ind. Plusquamp. Passiv
er habe gerufen	3. Ps. Sg. Konj. Perfekt Aktiv
ihr werdet gehört haben	2. Ps. Pl. Ind. Futur II Aktiv
du ziehest	2. Ps. Sg. Konj. Präsens Aktiv

2

b) Frank meinte, er sei schon lange nicht mehr dort gewesen.
c) Tom fragt, ob er mit ihm ins Kino gehen wolle.
d) Tom sagt, der Film werde um 17.30 Uhr beginnen.
f) Frank erwidert, er werde gerne mitkommen.

Satzglieder
Attribute
Wiederholung: Attribute
Adjektivattribute und Attributsätze erkennen
Seite 37

1/2

(Attribute = einfach unterstrichen; Attributsätze = doppelt unterstrichen)

Julia: Ich freue mich schon auf meine Reiterferien, die bald beginnen. Gestern habe ich mir dafür eine neue Reiterhose gekauft.
Hendrik: Reiten werde ich in den Ferien sicherlich nicht. Aber auf mich und mein Rennrad wartet ein anstrengendes Trainingslager in Italien.
Annika: Dazu wäre ich zu faul. Ich werde nach Portugal fliegen und jeden Tag ein ausgiebiges Sonnenbad nehmen. Der einzige, der mich dann stören darf, ist der Kellner, der mir ein kühles Getränk serviert.
Sebastian: Puh, das hört sich aber langweilig an. Da ist mir ein schwieriger Klettersteig lieber. Ich werde die Ferien in der Schweiz verbringen, das mein liebstes Urlaubsland ist.
Achim: Weder Sport noch Liegestuhl allein werden meine Ferien bestimmen. Ich fliege mit meiner Familie nach Griechenland. Dort werden wir antike Stätten besuchen, die jeder kennt, und viele interessante Ausflüge unternehmen.

Attribute von Adverbialien unterscheiden
Seite 38

3

Portugal / ist / das südwestlichste Land Europas. Wie viele andere Länder des Südens / bietet / es / Sonne, Meer und Strand. / Eine Besonderheit des Landes / ist, / dass / die Küsten / an den Atlantik / grenzen. / Dadurch / gibt / es / – im Gegensatz zu den Küsten des Mittelmeeres – / deutlich spürbare Gezeiten. Die See / ist / rauer, / die Windstärke / höher, / das Wasser / kälter. / Deshalb / kann / man / zum Baden / nicht einfach / ins Wasser / springen, / sondern / man / muss / auf die Farben der Flaggen / an den Stränden / und / die Anweisungen der Rettungsschwimmer / achten.

4

Der höhere Wellengang hat aber auch einen gesteigerten Reiz. Fans von Sportarten wie Surfen und Wellenreiten, sie lieben die portugiesische Atlantikküste, kommen hier besonders auf ihre Kosten. Zahlreiche Kurse und Wettkämpfe laden Sportler aus der ganzen Welt ein, um ihre Fähigkeiten zu messen. Ihre Kunststücke, oft ausgefallen und gefährlich, zeigen sie gerne. Sie genießen es, von den jubelnden Zuschauern am Strand umgeben zu sein. Dieses Gefühl der Anerkennung spornt sie weiter an und treibt sie zu Höchstleistungen. Wem solcher Trubel dort zu viel ist und wer lieber in Ruhe schwimmen möchte, sollte eine der vielen kleinen Buchten, oft einsam gelegen und windgeschützt, wählen.

Seite 38/39

5

a) Der lächelnde Verkäufer kam mir entgegen. (Adj. Attr.)

b) Der Rettungsschwimmer dort kann uns bestimmt weiterhelfen. (Adv. Attr.)

c) Der Strand, wunderschön und ruhig gelegen, lädt zum Sonnenbaden ein. (Appos.)

d) Das rote Surfbrett hinter dem Kiosk ist leider kaputt. (Adj. Attr., Präp. Attr.)

e) Der Junge neben mir will auch surfen lernen. (Präp. Attr.)

f) Der Wind, stark und aufbrausend, hindert uns daran. (Appos.)

g) Die Freude des Siegers war ungetrübt. (Gen. Attr.)

Attributsätze von Gliedsätzen unterscheiden

6

(Adverbialsätze = einfach unterstrichen; Attributsätze = doppelt unterstrichen)
Ein lohnenswertes Ziel einer Griechenlandrundfahrt ist das antike Olympia, das die Wiege der Olympischen Spiele darstellt. Die Erhaltung des wertvollen Kulturerbes von Olympia wird dadurch erschwert, dass die Region Epiros eine Erdbebenregion ist. Der Tunnel, durch den man in das Stadion gelangte, ist heute noch erhalten. Früher kämpften Sportler in dieser Arena um die Ehre. Obwohl diese Zeit schon lange vorbei ist, spürt mancher Besucher noch heute die Wettkampfatmosphäre. Neben dem Stadion wurde ein Museum in der Hoffnung errichtet, dass dort die antiken Fundstücke für die Nachwelt erhalten werden können. Weil die Vasen mit Wettkampfszenen bemalt sind, können die Archäologen die Wettkämpfe der damaligen Zeit nachvollziehen.

7

a) Attributsatz, b) Gliedsatz, c) Gliedsatz, d) Attributsatz, e) Gliedsatz, f) Gliedsatz

Appositionen bilden und Zeichen setzen

Seite 40

8

b) Innerhalb von Rom gibt es den Vatikan, den kleinsten Staat der Welt.

c) Der berühmteste Brunnen, der Trevi-Brunnen, liegt im Zentrum Roms.

d) In der Linie 30, einer bei Touristen beliebten Straßenbahn, muss man besonders auf seinen Geldbeutel achten.

9

Die größte Insel Italiens ist Sizilien, ein ehemals selbstständiges Königreich. Von Griechenland, der Wiege des Abendlandes, kamen in vorchristlicher Zeit Siedler nach Sizilien. Ihre Spuren, insbesondere Tempel und Theater, sind noch heute an mehreren Orten zu besichtigen. Unter den griechischen Siedlern waren Menschen wie Thales von Milet, ein berühmter Philosoph, oder auch Archimedes, ein Mathematiker und Physiker. Hast du gewusst, dass die große Insel im Süden Italiens, einstmals die sogenannte Kornkammer des Römischen Reiches, im Mittelalter von deutschen Königen, wie etwa Friedrich dem Staufer, beherrscht wurde?

10

Noch heute gibt es auf Sizilien und in bestimmten Gegenden Apuliens, einer anderen süditalienischen Region, auffallend viele rothaarige Italiener. Sie gelten als Nachfahren der Staufer. Friedrich, zunächst König von Sizilien und später auch deutscher Kaiser, war ein sehr gebildeter Mann. So pflegte er mit arabischen Gelehrten, den Europäern in Wissenschaft und Kultur überlegenen Männern, einen regen Austausch. Sogar mit einem Sultan, dem Herrscher der arabischen Welt, war er eng befreundet. Noch heute finden sich viele orientalische Ornamente, Zeugnisse der bilderlosen islamischen Kunst, an Gebäuden, die in dieser Zeit in Sizilien errichtet wurden.

Gesamtübung II

Seite 41

1/2

Genitivattribut: ihres Gesprächs, unserer Unterbringung, der Ställe, des Jahres
Adjektivattribut: verschiedenen, nette, hübsches, gut erzogenes, interessanteren, schwierigeren, langen, nächsten, schönste
Adverbiales Attribut: der Reitstall dort
Apposition: es hieß Lotte, meine Sommerferien

Präpositionales Attribut: im Ausland, auf einem Reiterhof in Schleswig-Holstein, mit den Pferden
Attributsatz: das jeden Spaß mitmacht, die wir bei unseren langen Ausritten erlebt haben

Seite 42

3/4

a) Meine gestohlene Badehose lag in einer Umkleidekabine. (Adj. Attr.)

b) Der Strandkorb vor mir ist von zwei netten Jungs besetzt. (Präp. Attr., Adj. Attr.)

c) Der mitreißende Wettkampf endete mit einem knappen Sieg. (2x Adj. Attr.)

d) Die Freude am Surfen habe ich trotz des Materialschadens nicht verloren. (Präp. Attr.)

e) Die Farbe des T-Shirts ist ausgeblichen. (Gen. Attr.)

f) Sein Urlaub hat, Verpflegung und Surfkurs eingeschlossen, nur 350,– € gekostet. (Appos.)

g) Die Kette, die ich heute trage, ist von der schönen Insel Korfu. (Attr. Satz; Adj. Attr.)

h) Der Junge dort drüben war in dem Surfkurs, den die Profis unter uns besucht haben. (Adv. Attr., Attr. Satz)

i) Samos, meine Lieblingsinsel, liegt unmittelbar an der Küste der Türkei. (Appos., Gen. Attr.)

5

Der höchste Berg Siziliens, ein Vulkan, heißt Ätna. Die Spuren seiner Ausbrüche, Lava und Asche, lassen sich in seinem Umkreis überall finden, denn dieser Vulkan, einst ein heiliger Berg, ist bis heute aktiv. Dennoch siedeln in seiner Nähe Menschen, Landwirte vor allem, da das vulkanische Umland, ein an Nährstoffen reicher Boden, sehr fruchtbar ist. Hier gedeihen die berühmten Zitrusfrüchte, Orangen, Zitronen oder Limonen, für die Sizilien bekannt ist. Heute zieht die Insel viele Menschen, Urlauber wie Kulturliebhaber, in ihren Bann. Taormina, eine malerisch oberhalb der Küste gelegene Stadt, ist der wohl bekannteste Ferienort Siziliens. Um die Insel wirklich kennenzulernen, empfiehlt sich jedoch eine Rundreise. Die schnellste Anreise bietet das Flugzeug, es besteht aber auch eine Fährverbindung über die Straße von Messina, einer Meerenge zwischen Sizilien und dem italienischen Festland.

Satzglied – Gliedsatz

Wiederholung 1: Haupt- und Nebensätze

Haupt- und Nebensätze erkennen

Seite 43

1

b) **weil**
c) **Obwohl**
d) **Während**
e) **Wenn**

2 (Nebensätze sind unterstrichen.)

a) Die Jungen **wollten** lieber Fußball **spielen**, nachdem sie eine Weile Verstecken **gespielt hatten**.
b) Schnell **lief** Marvin nach Hause, weil er seinen neuen Ball **holen wollte**.
c) Während einige mit Stöcken Torpfosten **bauten**, **begannen** die anderen mit der Mannschaftsaufstellung.
d) Als Marvin **zurückkam**, **konnte** das Spiel endlich losgehen.
e) Obwohl beide Mannschaften mit vollem Einsatz **kämpften**, **wollte** kein Tor **fallen**.

3

b) Anna und Marie spielten sogar mit, weil *sie gute Fußballerinnen sind.*
c) Rubens Schuss war so hart, dass *Tobias die Flanke nicht erreichte.*
d) Als *die Zweikämpfe härter wurden*, geschah ein böses Foul.
e) Frank verwandelte den Elfmeter sicher, obwohl *Marie eine gute Torhüterin ist.*

Wiederholung 2: Satzreihe und Satzgefüge

Satzreihe und Satzgefüge erkennen und unterscheiden

Seite 44

1/2

b) Wenn ein Treffen mit seinen Freunden Steffen und André bevorsteht, steigt seine Laune. (Satzgefüge)
c) Satzreihe
d) Obwohl sie sich manchmal streiten, mögen sie sich sehr. (Satzgefüge)
e) Angst haben die drei Freunde bei ihren Abenteuern selten, weil sie sich zusammen stark fühlen. (Satzgefüge)

4/5

b) Besonders gerne fahren sie Fahrrad, Steffen ist immer der Schnellste. (Satzreihe)
c) Wenn es sehr warm ist, gehen sie schwimmen. (Satzgefüge)
d) Obwohl sie ab und zu mit anderen Fußball spielen, verbringen sie die meiste Zeit zu dritt. (Satzgefüge)
e) Ihre Kräfte messen sie, indem sie um die Wette laufen. (Satzgefüge)

Seite 45

6

(...) weil sie dort ihren Mut deutlicher unter Beweis stellen mussten. (...) wenn die Angst im Nacken saß. (...) Als sie die Hoffnung auf ein neues Abenteuer fast schon aufgeben wollten, (...) weil der Weg kaum einsehbar, sehr eng und schlecht befestigt ist. (...)

8

Seine beiden Freunde willigten ein, obwohl ihnen bei dem Gedanken an das einsame Haus schon ein wenig mulmig zumute war. Sie hatten schon mehrfach gehört, dass es dort spuken sollte. Erst letzte Woche hatte ihnen eine Klassenkameradin von seltsamen Dingen berichtet. Sie war mit einer Freundin an dem Haus vorbeigekommen. Als die beiden Mädchen in das Haus hineingehen wollten, vernahmen sie seltsame Geräusche. Außerdem sahen sie durch ein Fenster dunkle Schatten. Obwohl sie neugierig waren, verließen sie schnell den Wald. Die Erzählungen ihrer Klassenkameradin gingen André und Steffen durch den Kopf. Weil sie aber nicht als Angsthasen dastehen wollten, sagten sie nichts. Was sollte auch schon passieren, wenn sie zu dritt waren? Kurze Zeit später machten sie sich auf den Weg.

Adverbialien und Adverbialsätze erkennen

Seite 46

1

b) Ihr Weg führte sie in den Wald.
Frageprobe: Wohin führte sie ihr Weg? In den Wald.
c) Zielstrebig fuhren sie weiter.
Frageprobe: Wie fuhren sie weiter? Zielstrebig.
d) Nach einer Viertelstunde Fahrt gabelte sich der Weg.
Frageprobe: Wann gabelte sich der Weg? Nach einer Viertelstunde Fahrt.
e) Trotz ihrer Unsicherheit wollten sie unbedingt weiterfahren.
Frageprobe: Trotz welchen Hindernisses/Umstands wollten sie weiterfahren? Trotz ihrer Unsicherheit.
f) So entschieden sie schließlich den weiteren Weg durch das Werfen einer Münze.
Frageprobe: Wie/Wodurch entschieden sie schließlich den weiteren Weg? Durch das Werfen einer Münze.

Seite 47

2

b) Ihre Unsicherheit überspielten sie, indem sie sich gegenseitig Mut machten.
Frageprobe: Wie überspielten sie ihre Unsicherheit? Indem sie sich gegenseitig Mut machten.
c) Der Weg wurde breiter, als sie die nächste Kurve hinter sich gelassen hatten.
Frageprobe: Wann wurde der Weg breiter? Als sie die nächste Kurve hinter sich gelassen hatten.
d) Damit sie besser sehen konnten, fuhren sie an lichteren Stellen im Wald entlang.
Frageprobe: Wozu fuhren sie an lichteren Stellen im Wald entlang? Damit sie besser sehen konnten.
e) Als sie um die nächste Biegung fuhren, erkannten sie ihr Ziel schon von Weitem.
Frageprobe: Wann erkannten sie ihr Ziel? Als sie um die nächste Biegung fuhren.
f) Weil sie neugierig waren, traten sie noch einmal kräftig in die Pedale.
Frageprobe: Warum traten sie noch einmal kräftig in die Pedale? Weil sie neugierig waren.

3 (Adverbialien = einfach unterstrichen; Adverbialsätze = doppelt unterstrichen)
Wegen ihrer besonderen Anstrengung erreichten sie schon kurze Zeit später das Kloster. Als sie es erreicht hatten, bogen sie in den Feldweg ein, der zum Haus führte. Trotz ihrer Müdigkeit radelten sie zügig weiter. Sie kamen so gut voran, dass sie schon bald das Haus sehen konnten. Sie sprangen aus dem Sattel, als sie vor dem Haus ankamen. Nach dem Abstellen der Fahrräder betraten sie die Verandatreppe. Weil es so still war, erschien ihnen das Haus unheimlich. Wegen der verrotteten Angeln hingen die Fensterläden herunter. Obwohl keiner es zugeben wollte, verspürten die Jungen Angst. Aus Neugierde öffneten sie dennoch langsam die Tür. Weil sie nicht verschlossen war, konnten sie problemlos eintreten. Zur Vermeidung von Lärm schlichen Steffen, Maurice und André in das Haus. Falls sich jemand im Haus befände, würde er sie hoffentlich nicht hören können.

Adverbialsätze unterscheiden

Seite 48

1

b) Wenn die drei Freunde auf Abenteuersuche waren, (...) Adverbialsatzart: Konditionalsatz
c) (...) indem Maurice mit seiner Taschenlampe den Raum ausleuchtete. Adverbialsatzart: Modalsatz
d) Als sie umherschauten, (...) Adverbialsatzart: Temporalsatz
e) (...) damit ich mir diesen Schrank einmal näher ansehen kann!" Adverbialsatzart: Finalsatz

Seite 48/49

2

b) Sie drehten sich um, als sie lautes Getöse hinter sich hörten. (Temporalsatz)
c) André war nicht mehr zu sehen, obwohl er eben hinter ihnen gestanden hatte. (Konzessivsatz)
d) Weil Maurice und Steffen Angst hatten, riefen sie: „André, wo bist du?" (Kausalsatz)
e) Während sie auf Antwort warteten, schlug ihnen das Herz bis zum Hals. (Temporalsatz)
f) Obwohl André ihnen antwortete, blieben sie wie erstarrt stehen. (Konzessivsatz)
g) Maurice hielt Steffen lieber am Arm fest, falls Steffen ebenfalls wie André verschwand. (Konditionalsatz)

Aus Adverbialien werden Adverbialsätze

Seite 49

1

b) wegen ihrer Angst → wenn die Angst im Nacken saß (Z. 3f., oberer Text)
c) beim Hineingehen → als die beiden Mädchen in das Haus hineingehen wollten (Z. 5, unterer Text)
d) zu dritt → wenn sie zu dritt waren (Z. 9f., unterer Text)
e) beim Aufgeben der Hoffnung → als sie die Hoffnung auf ein neues Abenteuer fast schon aufgeben wollten (Z. 6f., oberer Text)
f) trotz des mulmigen Gefühls → obwohl ihnen bei dem Gedanken an das einsame Haus schon ein wenig mulmig zumute war (Z. 1f., unterer Text)

Seite 50

2

b) trotz Erkältung → obwohl er erkältet war
c) durch das lange Üben und Trainieren → indem es lange geübt und trainiert wurde
d) nach dem Erreichen des Ziels → nachdem er das Ziel erreicht hatte
e) wegen des starken Windes → weil der Wind stark war

3

b) **Nachdem sie einige lange Sekunden gewartet hatten,** ging auch noch die Taschenlampe aus.
c) **Obwohl die Situation unklar war**, behielt Maurice die Ruhe.
d) **Indem er die Batterien schüttelte,** verhalf er ihnen zu neuer Lebenskraft.
e) **Als sie dieses Problem gemeistert hatten,** konzentrierten sich die Jungen wieder auf die Suche nach ihrem Freund.

Seite 51

4

(...) Trotz der Sorge um ihren vermissten Freund suchten sie ein Versteck. Beim Aufsuchen des Verstecks hinter der Tür hörten sie Schritte auf der Verandatreppe. (...) Würden sie trotz aller Widerstände aus dieser Situation herausfinden? (...) Würde man ihnen wegen des Abstellens der Räder schneller auf die Schliche kommen? (...) Zur Vermeidung von Geräuschen hielten Steffen und Maurice den Atem an. (...) Vor Erleichterung fielen Steffen und Maurice Steine vom Herzen.

5

(...) **Obwohl sie sich um ihren vermissten Freund sorgten,** suchten sie ein Versteck. **Während sie das Versteck hinter der Tür aufsuchten**, hörten sie Schritte auf der Verandatreppe. (...) Würden sie aus dieser Situation herausfinden, **obwohl es viele Widerstände gab**? (...) Würde man ihnen schneller auf die Schliche kommen, **weil sie die Räder abgestellt hatten**? (...) **Damit sie Geräusche vermieden**, hielten Steffen und Maurice den Atem an. (...) **Weil Steffen und Maurice erleichtert waren**, fielen ihnen Steine vom Herzen.

Satzgefüge bilden

Seite 52/53

1

b) (konzessiv): Obwohl ihnen mulmig zumute war, schauten sie nach.
c) (temporal): Als sie die Stelle erreichten, erkannten sie eine offen stehende Falltür.
d) (kausal): Die beiden Jungen beugten sich vorsichtig vor, weil sie Angst hatten.
e) (temporal): Als Steffen sich ein Herz gefasst hatte, rief er nach André.
f) (konsekutiv): Gemeinsam riefen sie noch lauter, sodass André sie hören konnte.
g) (adversativ): Steffen und Maurice riefen, wohingegen André nicht antwortete.
h) (final): André tastete sich in Richtung der Stimmen vor, damit die Freunde ihn sehen konnten.
i) (konsekutiv): Maurice leuchtete mit der Taschenlampe in das Loch, sodass sie ihren Freund erkennen konnten.
j) (konditional): *Steffen sagte:* „Wenn du uns deine Hand gibst, können wir dir heraushelfen".

Seite 53/54

3

b) Zunächst konnte er sich nicht orientieren, **da** Staub aufwirbelte und es dunkel war.
Art des Adverbialsatzes: Kausalsatz
c) **Als** er sich vom ersten Schreck erholt hatte, erkannte er die Falltür.
Art des Adverbialsatzes: Temporalsatz

d) **Wenn** er wenigstens eine Lampe dabei gehabt hätte, hätte er nach einem Ausweg suchen können.
Art des Adverbialsatzes: Konditionalsatz
e) Er suchte nach möglichen Verletzungen am Körper, **indem** er sich abtastete.
Art des Adverbialsatzes: Modalsatz

Subjekt- und Objektsatz
Subjekt- und Objektsätze erkennen
Seite 54/55
1
Steffen und Maurice warteten darauf, dass André antwortete, (Objektsatz) (...) Ihm war klar, dass er damit das Interesse seiner beiden Freunde geweckt hatte. (Subjektsatz) (...) Jetzt erkannten auch sie, dass dort ein dunkler Gang war. (Objektsatz) „Wir müssen entscheiden, wer als Erster durch den Tunnel geht", (Objektsatz) sagte Maurice. „Wer die Taschenlampe hat (Subjektsatz), eignet sich am besten", erwiderte André. „Gut, dann steht fest, dass du als Erster gehst", (Subjektsatz) (...)

Frageprobe:
Wer oder was war ihm klar? Dass er damit das Interesse seiner beiden Freunde geweckt hatte.
Wen oder was erkannten auch sie? Dass dort ein dunkler Gang war.
Wen oder was müssen wir entscheiden? Wer als Erster durch den Tunnel geht.
Wer oder was eignet sich am besten? Wer die Taschenlampe hat.
Wer oder was steht dann fest? Dass du als Erster gehst.

Seite 55
3
(...) Er vermutete, dass sich jemand am Ende des Tunnels befand. Trotzdem hoffte er, dass seine Vermutung nicht der Realität entsprach. (...) Ihm war klar, dass die Situation für seine Freunde und ihn nicht ungefährlich war. (...) Auf einmal wünschte sich Steffen, dass alles nur ein Traum sei. (...)

Subjekt- und Objektsätze bilden
Seite 56
4
b) Maurice ahnte, dass Steffen Angst hatte. (Objektsatz)
c) Dass der Tunnel nicht zu enden schien, ließ Maurice verzweifeln. (Subjektsatz)
d) Es beruhigte ihn aber, dass er nicht allein war. (Subjektsatz)
e) Beide ahnten aber, dass das Abenteuer noch nicht überstanden war. (Objektsatz)

Seite 56/57
6
b) Wer schließlich die Lampe in die Hand nahm und voranging, war Steffen. (Subjektsatz)
Schließlich nahm Steffen die Lampe in die Hand und ging voran.
c) Mit Erleichterung beobachteten die Freunde, dass Steffen sich entschied. (Objektsatz)
Steffen entschied sich, die Freunde beobachteten es mit Erleichterung.
d) Sie gingen durch den dunklen Tunnel und plötzlich hoffte Maurice, dass das Abenteuer schnell zu Ende ging. (Objektsatz)
Sie gingen durch den dunklen Tunnel und plötzlich hoffte Maurice auf ein schnelles Ende des Abenteuers.
e) Wer sich jedoch keine Angst anmerken ließ, waren seine beiden Freunde. (Subjektsatz)
Seine beiden Freunde ließen sich keine Angst anmerken.
f) Plötzlich bemerkten die drei Jungen, dass am Ende des Tunnels Licht schien. (Objektsatz)
Plötzlich bemerkten die drei Jungen einen Lichtschein am Ende des Tunnels.

Gliedsätze bestimmen
Seite 58
8
Temporalsatz
Als sie dem Lichtschein näher kamen, entdeckten sie einen Tisch mit einer Petroleumlampe darauf. Sie über-
Objektsatz
legten, wer das Licht wohl angemacht haben könnte. Niemand war zu sehen. Plötzlich entdeckten sie, dass
Objektsatz
neben dem Tisch eine braune Holzkiste stand. Steffen bückte sich und öffnete sie vorsichtig. Was zum
Subjektsatz
Vorschein kam, war eine Vielzahl kostbarer Schmuckstücke. Schnell wurde den Jungen klar, dass sie einen
Subjektsatz
besonderen Fund gemacht hatten. André flüsterte aufgeregt: „Kommt, lasst uns verschwinden! Wenn wir hier
Konditionalsatz
noch lange bleiben, kommt der Besitzer vielleicht zurück
Konzessivsatz
und findet uns". Obwohl Maurice zwischendurch aus Angst am liebsten umgekehrt wäre, konnte er sich nun kaum vom Anblick des glitzernden Schmuckes trennen. „Komm schon", drängte nun auch Steffen, „wir können ja

ein Schmuckstück als Beweis für unseren Fund mitneh-
Finalsatz
men, damit uns die Polizei glaubt. Ich bin mir sicher, dass
Objektsatz
es sich bei dem Besitzer um einen Dieb handelt." Nach-
Temporalsatz
dem Maurice eine goldene Uhr in seiner Tasche verstaut hatte, machten sich die drei auf den Rückweg. So schnell wie möglich fuhren sie mit ihren Rädern zur Polizei und erzählten von ihrem Fund. Dort stellte sich heraus, dass
Subjektsatz
der Schmuck von einem Einbruch stammte. Da die Polizei
Kausalsatz
dank der Abenteuerlust der Jungen nun den Fundort kannte, konnte sie wenig später dort den Dieb stellen.

Infinitiv- und Partizipgruppen

Infinitiv- und Partizipgruppen erkennen

Seite 59/60

1

André, Steffen und Maurice hatten beschlossen, gemeinsam an einer Jugendfreizeit in den Bergen teilzunehmen. (...) Nachdem sie im Schullandheim angekommen waren, versammelten sich alle im Aufenthaltsraum, um die Verteilung der Zimmer zu besprechen. Maurice, Steffen und André legten Wert darauf, in demselben Zimmer zu wohnen. Sie waren froh, dass dies kein Problem war. (...) André wollte unbedingt im Etagenbett unten schlafen, da er Angst hatte, nachts hinauszufallen. Als das geklärt war, begannen die Jungen mit dem Auspacken der Koffer, um die Kleider in den Schränken zu verstauen. Wander- und Straßenschuhe mussten nach unten gebracht werden, um keinen Schmutz in die Schlafräume zu tragen. Nachdem dies erledigt war, begannen die Jugendlichen, bei einem gemeinsamen Spieleabend ihre Ferien zu genießen.

Seite 60

2

Noch halb schlafend trafen sich alle am Morgen zum Frühstück. Dabei sollte doch heute eine erste Wanderung stattfinden. **Von seinem verschlafenen Nachbarn angestoßen** verschüttete Steffen beinahe seinen Kakao. Nur Maurice schien schon hellwach zu sein. **Einen Witz nach dem anderen erzählend** versuchte er, eine Unterhaltung in Gang zu bringen. Als er damit keinen Erfolg hatte, widmete er sich **leise schmollend** seinem Brot. **Gestärkt durch das Frühstück** wartete man nun gespannt auf die Ankündigung der Betreuer.

3 (Infinitivgruppen = einfach unterstrichen, Partizipgruppen = doppelt unterstrichen)

Eine Überraschung auf dem Gipfel versprechend hatte der Betreuer Klaus die Jugendlichen zur ersten Bergwanderung überredet. Leider jedoch hatte er vergessen, gegenüber den Neuankömmlingen zu erwähnen, wie steil es am Anfang bergauf ging. Von der Anstrengung ein wenig schnaufend erreichte die Gruppe eine Alm. Einige junge Rinder trabten auf sie zu, von der Schar der Wanderer angelockt. André versuchte, sich näher an sie heranzuwagen und ein Kalb zu streicheln. Von der schnellen Bewegung des Jungen erschreckt flüchtete das Kalb jedoch den Hang hinauf. Klaus meinte, auf dieser Alm seien häufig Murmeltiere zu sehen. Von vielen Touristen gefüttert seien sie inzwischen recht zutraulich geworden. Darum bat er alle, sich nicht ruckartig zu bewegen und leise zu sein. Erst einmal war nichts zu sehen, aber schließlich wurde die Geduld belohnt. Noch ein wenig abwartend wagten sich die ersten Murmeltiere vor. Mit einer Möhre in der Hand versuchte André, eines der Tiere zu sich zu locken.

Nebensätze in Infinitivgruppen und Partizipgruppen umwandeln

Seite 60/61

1

b) Ihre Eltern hatten sie eindringlich ermahnt, den Gruppenleitern zu gehorchen.
c) Die Jungen hatten ihren Eltern versprochen, sich gut zu verhalten und alle Regeln zu beachten.
d) Auf der Hinfahrt hatte ein Jugendleiter angekündigt, viele Bergtouren mit ihnen machen zu wollen.
e) Maurice behauptete, genügend Kondition für die Touren zu haben.

Seite 61/62

3

b) richtig
c) falsch
Korrektur: Jörg legte die Reiseunterlagen sorgfältig in die Schublade, damit sie nicht verloren gingen.
Begründung: Das Subjekt des Hauptsatzes stimmt nicht mit dem Subjekt des Infinitivsatzes überein.
d) falsch
Korrektur: Sie fegte das Gruppenzimmer, damit es sauber war.
Begründung: Das Subjekt des Hauptsatzes stimmt nicht mit dem Subjekt des Infinitivsatzes überein.
e) richtig
f) falsch
Korrektur: Frank stellte die Wanderstöcke gegen die Wand, damit sie nicht umfielen.
Begründung: Das Subjekt des Hauptsatzes stimmt nicht mit dem Subjekt des Infinitivsatzes überein.

Seite 62

4

b) Freundlich grüßend zeigen sie ihre gute Laune.
c) Von den Anstrengungen erschöpft machen sie eine Rast.
d) Pfeifend nutzen manche ihre überschüssigen Kräfte.
e) Einige schauen verträumt in die Ferne, von der wunderschönen Bergwelt fasziniert.

Seite 62/63

5

b) richtig
c) falsch
Korrektur: Eine Rast machend erkannte ich die verlockend am Wegesrand stehende Bank.
Begründung: Das Subjekt des Hauptsatzes stimmt nicht mit dem Handelnden der Partizipgruppe überein.
d) richtig
e) richtig
f) falsch
Korrektur: Mit den Schuhen vergeblich Halt suchend empfand ich den Klettersteig als zu schwierig.
Begründung: Das Subjekt des Hauptsatzes stimmt nicht mit dem Handelnden der Partizipgruppe überein.

Regeln zur Zeichensetzung bei satzwertigen Infinitivgruppen

Zeichen setzen

Seite 63

1

b) Sie achteten darauf, leise zu sein.
c) Sie flüsterten nur miteinander, um die Tiere nicht zu verscheuchen.
d) Die Tiere knabberten, ohne sich durch das Knipsen der Kameras stören zu lassen.
e) Keiner unternahm den Versuch, ein Murmeltier zu streicheln.
f) Die Murmeltiere in Ruhe zu beobachten, das war ihr Ziel.

Seite 63/64

2

Nach dem Aufenthalt bei den Murmeltieren setzte die Jugendgruppe ihre Wanderung fort. Mittlerweile waren die Mädchen und Jungen wach und wanderten zügig, ohne zu murren. Um das Ziel der Wanderung, die Hexenkopfhütte, nicht zu spät zu erreichen, machten sie keine weitere Pause. Gegen Mittag erreichten sie ihr Ziel. Jeder suchte sich einen Platz vor der Hütte, um sich von den Strapazen des Aufstiegs zu erholen. Silke und Carla setzten sich in den Schatten, um keinen Sonnenbrand zu bekommen. Die Vorräte wurden ausgepackt und verspeist. Die recht hoch gelegene Hütte so leicht erreicht zu haben, das machte die Jugendlichen stolz. Nach der Mittagspause machten sich alle an den Abstieg. Um etwas schneller zu sein, nahmen sie sogar eine steile Abkürzung. Am späten Nachmittag war die Gruppe wieder glücklich zurück in ihrer Unterkunft.

Partizipgruppen bilden und umformen

Seite 64

1

b) Durch die Begeisterung der anderen angespornt marschierte Maurice fröhlich mit.
c) Sich ständig Witze erzählend bemerkten die Jugendlichen kaum die Mühen des Anstiegs.
d) Endlich am Gipfel angekommen genossen sie den wundervollen Ausblick.

Seite 65

2

b) Er biss in sein Brötchen, weil er plötzlich großen Hunger verspürte.
c) André dehnte seine Muskeln, indem er sich kräftig streckte.
d) Während Steffen still lächelte, schloss er seine Augen und genoss die saubere Luft.

Regeln zur Zeichensetzung bei satzwertigen Partizipgruppen

3

b) Wild gestikulierend und zur Eile mahnend, so erzählte er von einem aufziehenden Gewitter. c)
c) Alle packten, seinen Aufforderungen folgend, ihre Sachen und setzten die Rucksäcke auf. a)
d) Die Jugendlichen eilten den Berg hinab, die Augen aufmerksam auf den schmalen Pfad richtend. b)
e) Sie begannen zu laufen, von Weitem den Donner hörend. b)
f) In letzter Minute erreichten sie den Bus, vor Anstrengung ganz erschöpft. b)

Stilistik

Am Satzbau feilen

Seite 66

1

b) Doch der Junge ist unfreundlich.
c) Ich passte den Ball zu Horst und Horst schoss wieder zu Tim.
d) Mir gefällt, dass es schön ist.
e) Ich mag nur manchmal keine Tomaten.

Seite 66/67

2

b) Nicht jeder isst gerne Garnelen, obwohl ich mag sie.
Nicht jeder isst gerne Garnelen, obwohl ich sie mag.
c) Ich gehe jetzt nach Hause, weil ich habe dort noch viel zu tun.
Ich gehe jetzt nach Hause, weil ich dort noch viel zu tun habe.
d) Sandras Tasche fiel um und sie bückte sich.
Sandras Tasche fiel um und das Mädchen bückte sich.
e) Als Michael den Ball aufhob, rutschte er weg.
Als Michael den Ball aufhob, rutschte der Junge weg.

Seite 67

3

b) Sandra füllte sich die Nudeln auf den Teller und goss Tomatensoße darüber. Anschließend setzte sie sich an den Tisch, nahm ihre Gabel und aß mit Genuss.

c) Weil mein jüngster Bruder heute Geburtstag hat, muss ich nach der Schule unbedingt noch ein Geschenk in dem Sportgeschäft besorgen.

d) Schnell lief er auf seine kleine Schwester zu und warf sie in die Luft. Dann drückte er sie an sich, schaute sie an und rief: „Schön, dass du wieder da bist."

e) Obwohl das Wetter endlich schön ist, möchte ich heute nicht nach draußen zu den spielenden Kindern gehen. Michael ist dabei, der mich erst kürzlich geärgert hat.

Mängel in der Textgestaltung erkennen

Seite 68

1/2

„Ich war bei meinem Freund Jan. Die haben ja einen Hund und der heißt Tobby und ist immer so wild. Und wir haben im Garten gespielt und Tobby ist dem Ball hinterhergelaufen und Jan und ich haben ihn geworfen. Da kam dann der Postbote und Jan hat den Ball in seine Richtung geworfen | und der Tobby ist gleich dahin. Und da ist der Hund an dem Postboten hochgesprungen, er wollte doch nur spielen | und der Postbote hat nichts verstanden und nur gedacht, dass er ihn beißen wollte. Der hat sich dann erschrocken und zwar so stark, dass er die Post fallen ließ, | und die Karten, Briefe und die Päckchen lagen alle auf dem Rasen | und der Postbote hat geschimpft und Jans Mutter kam herausgelaufen. Und Tobby hat einfach ein Päckchen genommen und ist damit weggerannt und hat sich versteckt | und er hat das Päckchen vergraben und es findet keiner mehr."

Seite 69

3

Ich war bei meinem Freund Jan. Seine Familie hat einen Hund, der Tobby heißt und immer sehr wild ist. Jan und ich warfen im Garten den Ball hin und her und Tobby lief immer hinter dem Ball her. Als der Postbote kam, hatte Jan gerade den Ball in dessen Richtung geworfen und Tobby lief zum Postboten hin. Der Hund sprang an dem Briefträger hoch, weil er mit ihm spielen wollte. Das verstand dieser jedoch nicht und dachte nur, dass Tobby ihn beißen wollte. Vor Schreck ließ er die Karten, Päckchen und Briefe auf den Rasen fallen. Dann fing er an zu schimpfen und Jans Mutter kam herausgelaufen. Diesen Augenblick nutzte Tobby, indem er sich einfach ein Päckchen nahm, mit ihm wegrannte und es versteckte. Weil er das Päckchen vergraben hat, findet es nun keiner mehr.

Seite 69/70

4/5/6

Am Girls' Day war ich in einer KFZ-Werkstatt und wurde zuerst eingekleidet. Ich musste so einen Blaumann (5) anziehen und solch dicke Schuhe, die wegen der Sicherheit vorne Stahl im Schuh haben. Die Lehrlinge haben ziemlich gegrinst. Weil sie sehen wohl selten Mädchen in dieser Kleidung (4) und die Hose war etwas groß. Einer führte mich durch die Werkstatt, das war ein dufter Typ und der hat auch keine blöden Bemerkungen (5) gemacht nach dem Motto „Mädchen und Technik". (2) Überhaupt waren die alle ganz nett. Spannend fand ich die Hebebühnen, mit denen man die Autos rauf- und runterfährt. Ich durfte zugucken, wie ein ganzer Motor ausgebaut wurde. Ist ein echt kompliziertes Teil (1, 5), aber der Meister (3) hat viel erklärt. Jetzt weiß ich, wie er funktioniert (3) und habe Lust bekommen, auch mal daran zu schrauben. Beim Aufräumen der Werkstatt und beim Sortieren des Werkzeugs habe ich mitgeholfen. Das war jetzt nicht so toll (5), aber es muss ja auch sein.

(Sarah)

Fehlerart	
1) unvollständiger Satzbau	„Ist ein echt kompliziertes Teil, aber der Meister hat viel erklärt" → Der Motor ist sehr kompliziert, aber der Meister hat viel erklärt.
2) einseitiger Satzbau	„Einer führte mich durch die Werkstatt, das war ein dufter Typ …" → Ein Lehrling, der sehr nett war und auch keine unpassenden Bemerkungen über „Mädchen und Technik" machte, führte mich durch die Werkstatt.
3) Beziehungsfehler	„… aber der Meister hat viel erklärt. Jetzt weiß ich, wie er funktioniert …" → … aber der Meister hat viel erklärt. Jetzt weiß ich, wie der Motor funktioniert …
4) Stellungsfehler	„Weil sie sehen wohl selten Mädchen in dieser Kleidung …" → weil sie wohl selten Mädchen in dieser Kleidung sehen
5) unangemessene Wortwahl	„so einen Blaumann" → eine blaue Arbeitshose „dufter Typ" → „netter Typ" „blöde Bemerkungen" → „unpassende Bemerkungen" „echt kompliziert" → „sehr kompliziert" „nicht so toll" → „nicht sehr interessant"

Gesamtübung III

Seite 71

1

Die Jugendreise dauerte insgesamt zwei Wochen. Den drei Freunden gefiel diese Zeit in Österreich sehr gut,
kausaler Adverbialsatz (Kausalsatz)
weil sie neue Freunde fanden und viele tolle Touren
konzessiver Adverbialsatz (Konzessivsatz)
unternahmen. Obwohl sie früher nie viel gewandert waren, hatten sie bei den Wanderungen gut mit den anderen mithalten können. Nun saßen sie, genüsslich ein
Partizipgruppe
großes Eis schleckend, im Gras. (...) zur Dachsteinstation
Infinitivgruppe
gefahren, um von dort den Sonnenaufgang bewundern
temporaler Adverbialsatz (Temporalsatz)
zu können. Nachdem sie im Bistro gefrühstückt hatten, suchten sie sich einen Platz auf der Terrasse. Ihre Digi-
Partizipgruppe
talkameras in den Händen haltend erwarteten sie die ersten Strahlen der Morgensonne. Als die Sonne dann
temporaler Adverbialsatz (Temporalsatz)
sichtbar wurde und das wunderschöne Farbenspiel zu sehen war, bereute keiner, dass er für dieses Erlebnis früh
Objektsatz Subjektsatz
aufgestanden war. Wer zu Hause geblieben war, hatte auf jeden Fall etwas ganz Besonderes verpasst. Anschließend machten sie eine Wanderung über den Gletscher. Damit
finaler Adverbialsatz (Finalsatz)
sie nicht im tiefen Schnee versanken, zogen sie Schneeschuhe an. Diese Art des Wanderns war jedoch anstren-
konsekutiver Adverbialsatz
gend, sodass sie am Ende dieser Tour besonders
(Konsekutivsatz) Partizipgruppe
erschöpft waren. Von diesen und anderen Erinnerungen angeregt gaben sie sich ein Versprechen: Wenn es
konditionaler Adverbialsatz (Konditionalsatz)
irgendwie möglich sein sollte, wollten sie im nächsten Jahr wieder bei einer solchen Jugendfreizeit in den Bergen mitmachen.

Seite 72

3

a) Am nächsten Morgen verspürten die drei Freunde Muskelkater, weil die Wanderung anstrengend gewesen war. Adverbialsatz: Kausalsatz
b) Als die Gruppenleiter die Jugendlichen nach ihren Wünschen für die Freizeitgestaltung fragten, sprachen sich die Kinder einstimmig für einen Freibadbesuch aus. Adverbialsatz: Temporalsatz
c) Bereits eine Stunde später befanden sich die Jugendlichen lachend und laut johlend im Freibad. Adverbialsatz: satzwertige Partizipgruppe
d) Obwohl sie vorher sehr müde gewesen waren, schwammen und sprangen sie jetzt munter umher. Adverbialsatz: Konzessivsatz

Seite 73

4

Infinitivgruppen = einfach unterstrichen
Partizipgruppen = doppelt unterstrichen
Subjektsätze = gestrichelt unterstrichen
Objektsätze = geschlängelt unterstrichen

Nach dem Mittagessen riefen die Betreuer alle Teilnehmer der Ferienfreizeit zusammen, um das weitere Programm zu besprechen. Es wurde angekündigt, dass am Nachmittag eine Schnitzeljagd durchgeführt werde. Ohne bemerkt zu werden, hatten sich daher zwei ältere Jugendliche bereits auf den Weg gemacht. Mit Kreide und Briefen ausgerüstet bereiteten sie die Strecke vor. Was die beiden sonst noch ausgeheckt haben mochten, blieb eine Überraschung. Erwartungsvoll angetreten wurden alle in verschiedene Gruppen eingeteilt. Dass Maurice und André nicht in derselben Gruppe landeten, war schnell verschmerzt. Von Ehrgeiz angestachelt wollte jeder mit seiner Gruppe als erster ankommen. Doch gewinnen sollte nicht unbedingt, wer am schnellsten wieder am Ziel war. Ebenso entscheidend sollte sein, dass alle versteckten Briefe gefunden wurden, um die dort gestellten Fragen und Aufgaben zu lösen. Nicht allein, wer viel wusste, war hier im Vorteil. Es bedurfte teilweise großer Geschicklichkeit, einige der Aufgaben zu bewältigen. Zwischendurch merkte André, dass sich seine Gruppe verlaufen hatte. Anstatt rechts abzubiegen, waren sie im Eifer geradeaus weitergelaufen. Zur Wegkreuzung zurückgekehrt entdeckten sie schließlich, dass der Pfeil in eine andere Richtung zeigte. Am Ziel angekommen erwartete ihn schon Maurice. Er erzählte stolz, dass seine Gruppe die beste Zeit habe. Doch, wer gewonnen hatte, stand noch nicht fest. Zunächst galt es, die Fragen und Aufgaben auszuwerten. Dass eine andere Gruppe hier besser war, musste Maurice zähneknirschend hinnehmen. Im ersten Moment vom Endergebnis enttäuscht überwog für André und Maurice jedoch bald die Tatsache, dass ihnen die Schnitzeljagd viel Spaß gemacht hatte. Anstatt zu klagen, begannen die Freunde noch beim Abendessen, sich ihre Erlebnisse in allen Einzelheiten zu erzählen. Von diesen und anderen Erinnerungen erfüllt gaben sie sich ein Versprechen: Was auch immer passieren sollte, im nächsten Jahr wollten sie wieder bei solch einer Jugendfreizeit dabei sein.

Satzbaufehler vermeiden

Seite 74

1

„Also, ich war zum Tanken, weil ich morgen zu meiner Schwiegermutter fahre, und wusste nicht, ob noch genug Sprit im Tank ist. Da stand ich an der Zapfsäule und es kam ein roter Kombi angebrettert, der quietschte beim Bremsen und heraus sprang ein Mann, und der war schon alt, so eine Rostlaube mit Beulen. Gedacht hab' ich mir nichts dabei, aber dann macht es „Klick", weil der Tank ist voll. Dann bin ich zur Kasse gegangen, um zu bezahlen. Eine Zeitschrift für die Oma wollte ich auch noch mitnehmen, das „Promi-Blatt", das liest sie ja so gern. Und als ich mich so runterbeuge, da schreit mich einer an und sagt doch glatt zu mir: „He, Alte, leg dich auf den Boden, aber sofort!" Unverschämtheit, was dem einfällt, wo ich es doch so in den Knien habe und schlecht wieder hochkomme. Ich wollte gerade zurückschreien, da sah ich, dass er eine Maske anhatte und eine Pistole in der Hand hatte. Da habe ich mich erschreckt und laut geschrien. Der Räuber ist auf mich zu und wollte, dass ich ruhig bin, aber ich habe einfach weitergeschrien. Da ist der auf mich los, ich bin in das Regal mit den Dosen, da stehen solche Dosen mit Getränken und Erdnüssen und Schokolade. Umgefallen ist alles, und da hat der Kassierer den Alarmknopf gedrückt. Und wie der Räuber das hört, ist der raus, und da stolpert der über meine Handtasche, die hab' ich doch von der Oma. Ich war dann ohnmächtig und als ich wach war, war die Polizei da und der freche Kerl in Handschellen.

Seite 75

3/4

Robert schreibt über seinen letzten Kinobesuch: „Der Sohn eines englischen Grafen war auf Kreuzzug im Heiligen Land und da kämpfte er um Jerusalem und wurde gefangen. (2) Er brach irgendwann aus und lernte dabei einen Araber kennen. Der wich ihm nicht von der Pelle. (5) Zusammen fuhren sie mit einem Schiff nach England. Da erkannten sie, dass man den Vater von dem Engländer umgebracht hatte und alles Land war weg. (4) Da wollte sich der Grafensohn rächen, aber er wusste nicht, wer es getan hatte (3). Also besuchte er seine frühere Freundin. Die er aber erst nicht erkannt hat. (1) Die erzählte ihm dann alles mit seinem Vater und wie ein grausamer Ritter alles gestohlen hatte und auch der Diener von dem Vater war seines Augenlichts beraubt worden, den fanden sie aber später dann. (2, 3) Zuerst fanden sie aber den toten Vater im verbrannten Schloss. Die Leute von dem Ritter hatten davon schon gehört, weil einer hatte sie verraten. (4) Da mussten sie fliehen und landeten irgendwann im Wald bei Räubern. Mit denen haben sie sich zuerst geprügelt und später waren sie gute Freunde. Zusammen mit ihnen haben sie die Reichen bestohlen, das Geld und den Schmuck mitgenommen, weil damit wollten sie die Armen durchbringen." (4, 5)

Fehlerart	
1) unvollständiger Satzbau	„Die er aber erst nicht erkannt hat." → Also besuchte er seine frühere Freundin, die er aber erst nicht erkannt hat.
2) einseitiger Satzbau	„Die erzählte ihm dann alles mit seiner Vater…" → Die erzählte ihm dann, was mit seinem Vater geschehen war und wie ein grausamer Ritter alles gestohlen hatte. Der Diener seines Vaters war seines Augenlichts beraubt worden. Ihn konnten sie später finden.
3) Beziehungsfehler	„den fanden sie aber später dann" → Der Diener seines Vaters war seines Augenlichts beraubt worden. Diesen Diener konnten sie später finden.
4) Stellungsfehler	„weil einer hatte sie verraten" → weil einer sie verraten hatte
5) unangemessene Wortwahl	„Der wich ihm nicht von der Pelle." → Der wich ihm nicht von der Seite.

Zeichensetzung trainieren
Zeichensetzung sicher beherrschen
Satzreihe, Satzgefüge, Infinitiv- und Partizipgruppen

Seite 76

1

b) Für Andreas steht an erster Stelle, dass er einmal viel Geld verdienen möchte. (Satzgefüge)
c) Hendrik kann sich ein Studium gut vorstellen, aber ganz sicher ist er noch nicht. (Satzreihe)
d) Fußballprofi ist Benjamins größter Berufswunsch, eine solide Ausbildung geht jedoch für ihn vor. (Satzreihe)
e) Wenn Carmen ein gutes Abitur macht, möchte sie gerne Medizin studieren. (Satzgefüge)
f) Für den sprachbegabten Marc steht fest, dass er später Dolmetscher werden möchte. (Satzgefüge)

Seite 77

2

a) Paul möchte später eine Familie gründen, außerdem möchte er Pilot werden. (Satzreihe)
b) Freude an technischen Zusammenhängen bringt er mit, gut rechnen kann er sowieso. (Satzreihe)
c) Wenn er Glück hat, wird er vielleicht einen Ausbildungsplatz bei einer großen Fluggesellschaft bekommen. (Satzgefüge)
d) Viele Länder und Kontinente möchte er gerne kennenlernen, auch im Ausland zu arbeiten, kann er sich vorstellen. (Satzgefüge)
e) Alles in allem ist Paul fest überzeugt, dass er seinen großen Traum verwirklichen kann. (Satzgefüge)

3
Hauptsätze = einfach unterstrichen
Nebensätze = doppelt unterstrichen
Schauspieler verkörpern fiktive oder historische Charaktere in Theater, Film und Fernsehen. Zur Darstellung der Figur verwenden Schauspieler Ausdrucksmittel wie Gestik, Mimik, Stimme und Körpersprache. Beschäftigt werden sie meist an öffentlichen Theatern, privaten Bühnen sowie bei Film, Fernsehen und Radiosendern, neben dem Rollenspiel können Schauspieler auch als Synchronsprecher oder Moderator tätig sein.
Voraussetzungen für den Beruf sind schauspielerisches Talent, Disziplin und ein gutes Gedächtnis, ein ausgeprägtes Einfühlungsvermögen und eine gute Beobachtungsgabe erleichtern den Zugang zum Beruf. Schauspieler/Schauspielerin ist als Berufsbezeichnung nicht geschützt. Wer beim Film oder Theater spielt, hat allerdings in der Regel eine Ausbildung absolviert, etwa an einer privaten oder öffentlichen Schauspielschule oder an einer Kunsthochschule. Die Ausbildung an Schauspielschulen dauert meist zwischen drei und vier Jahren, ein Studium, das an einer Kunsthochschule üblicherweise acht Semester dauert, ist ebenfalls möglich.

Seite 78

4

b) Sie lässt, durch einen überzeugenden Auftritt im Schultheater angeregt, dieses Berufsziel nicht mehr los. (Partizipgruppe)
c) Ihr bereitet, über ein gutes Gedächtnis verfügend, das Auswendiglernen längerer Texte keine besonderen Probleme. (Partizipgruppe)
d) „Mensch, wäre es toll, eine größere Rolle in einem Film zu spielen“, denkt sie oft. (Infinitivgruppe)
e) Doch der Weg, den man gehen muss, um das Ziel zu erreichen, ist weit und schwierig. (Infinitivgruppe)
f) Eva, über eine besondere Ausstrahlung verfügend, weiß, dass Talent und Fleiß allein nicht reichen. (Partizipgruppe)

5/6

b) Doch manchen Eltern wird es mulmig zumute, wenn die Kinder ihre Vorstellungen von der beruflichen Zukunft mitteilen. (4)
c) Der eine träumt, von seinen Fähigkeiten im Jonglieren überzeugt, von einer großen Karriere in einem berühmten Zirkus. (2)
d) Der andere strebt danach, ein großer Schauspieler oder Musiker zu werden. (1)
e) Da tönt es aus manchem Elternmunde: „Mach das Abitur, studiere, dann lege deine Examensprüfung ab, danach kannst du dich immer noch deinen Träumen und Visionen widmen.“ (3)

Von Anrede bis Zusatz

Seite 79

1/2

„Oh je, wir schaffen es schon wieder nicht ins Kino. Lass uns, meine Liebe, doch morgen endlich gehen. Den letzten Film mit diesem hinreißenden Schauspieler, diesem großen Blonden, habe ich auch schon verpasst. Das soll uns nicht wieder passieren!“ „Ach, den hast du ohne mich gesehen, du Verräter? Na warte, wenn wir morgen ins Kino gehen, musst du mir eine Portion Popcorn ausgeben, aber eine große!“

3/4/5

„Ach, war das ein schöner Film“, meinte Paula. „Also mein Geschmack war es nicht!“, erwiderte Klaus, „Du, meine Liebe, glaubst doch wohl nicht, dass das Leben so spielt wie in diesem Film. Da träumt ein junges Mädchen von einer Karriere als Sängerin und ihr Traum geht auch noch in Erfüllung. Du scheinst ähnlich leichtgläubig zu sein wie die Schar von jungen Leuten, sogenannte Superstars, die man jede Woche in diesen Castingshows sehen kann.“ „Das hätte ich mir ja denken können, dass du mal wieder keinen Sinn für Romantik hast. Manchmal, das zeigt auch das Leben, werden Träume doch Wirklichkeit“, entgegnete Paula. „Gefühle, liebe Paula, sind doch nicht alles. Die Handlung im Film sollte auch eine gewisse Logik haben, dann würde mir ein solcher Film auch gefallen“, versicherte Klaus, „ein gescheiterter Ex-Polizist, jetzt plötzlich als erfolgreicher Musikproduzent auftretend, das soll ich für glaubwürdig halten?“ „Weißt du was, Klaus? In den nächsten Film gehe ich mit Sabine. Die, da bin ich mir sicher, wäre ganz meiner Meinung und du stündest alleine da“, beendete Paula die Diskussion.

Aufzählungen

Seite 79/80

1

Felix lässt keine Gelegenheit dazu aus, sich im Fernsehen Sendungen über Technik, Astronomie und vor allem Raumfahrt anzusehen. Schließlich will er selbst einmal Astronaut werden, das ist beschlossene Sache. Dass man Luft- und Raumfahrttechnik in Aachen studieren kann, hat Felix bereits herausgefunden. Schon jetzt hofft er brennend darauf, dort einmal einen Praktikumsplatz zu bekommen. Raketen, Raumstationen, ferne Galaxien und Sonnensysteme faszinieren ihn schon seit Langem. Jeden Tag liest er etwas Neues darüber, sucht genauere Informationen und recherchiert im Internet. Auch sein Bücherregal ist voll mit Werken zu diesen Themen. Seinen Traum Wirklichkeit werden zu lassen, wird nicht leicht sein, weil neben Interesse, Wissen und Können auch körperliche Fitness für einen Astronauten wichtig ist. Dass man dann einfach auch Glück haben muss, für eine Weltraummission ausgewählt zu werden, dessen ist sich Felix bewusst. Doch es ist nicht seine Sache, die Hoffnung vorschnell aufzugeben.

Seite 80

2

a) Menschenkenntnis, Sprachbegabung und das Interesse an fremden Kulturen sind wichtige Voraussetzungen für den Beruf des Reiseführers.
b) Mit unterschiedlichen Flugzeugtypen, verschiedenen Antriebsarten, aber auch der Geschichte des Fliegens kennen Paul und Erika sich gut aus.
c) Mathematische Gesetze, physikalische Einheiten, chemische Formeln, dies alles interessiert Matthias überhaupt nicht.
d) Martina, Verena, Eva und Claudia verbindet, dass sie nach dem Abitur für ein Jahr ins Ausland gehen möchten.
e) Achim und Ralf träumen von einer Karriere als Skifahrer, die sie in die Bergwelten von Italien, Frankreich, Österreich und der Schweiz führt.

3

Marie, da ist sie sich sicher, möchte Skilangläuferin werden. Um ihr Ziel zu erreichen, muss sie weiterhin hart trainieren, denn die Konkurrenz ist stark. Das Training für die Wettkämpfe, die im Winter anstehen, beginnt bereits im Sommer auf kurzen Rollskiern. Viele Wettkämpfe hat sie in ihrer Altersklasse schon gewonnen, oft stand sie auf dem Podest. Es bleibt ihr größtes Ziel, bei einer Weltmeisterschaft im Staffellauf für Deutschland an den Start zu gehen, alles zu geben und die Goldmedaille zu gewinnen.

Seite 81

4

b) Im Zeichnen hat er gute Noten, mit Zahlen kann er umgehen.
c) Ach, wäre es schön, einen Beruf auszuüben, der einem Freude macht.
d) Er hat gemerkt, dass es ihm Spaß macht, Häuser zu planen und einzurichten.
e) Bevor sein Traum in Erfüllung gehen kann, muss er sich auf das Abitur konzentrieren.
f) Es wird ihm, sein Ziel verfolgend, sicherlich sehr gut gelingen.

Gesamtübung IV

Seite 82

1/2

a) Carla hat ein Geheimnis, sie möchte Schriftstellerin werden. (2)
b) Bisher hat sie ihre Gedichte, Kurzgeschichten und anderen Texte noch niemandem gezeigt. (1)
c) Ach, was wäre das peinlich, wenn andere darüber lachen würden. (7, 3)
d) Dabei ist Carla eigentlich überzeugt, dass sie interessant und spannend schreiben kann. (3)
e) Auch über einen guten sprachlichen Stil verfügt sie, das hat ihr ihre Deutschlehrerin mehrfach bestätigt. (2)
f) Doch andere ihre Schreibversuche lesen zu lassen, das hat sie sich bisher noch nicht getraut. (4)
g) Romane, Erzählungen und auch Poesie lesend versucht sie, sich Anregungen für ihr eigenes Schreiben zu holen. (1, 5, 4)
h) Dabei weiß sie noch nicht genau, ob sie später einmal Fantasy-Geschichten, Krimis, Abenteuerromane oder doch lieber Kinderbücher schreiben will. (3, 1)
i) Zurzeit schreibt sie, wie erst gestern wieder, am häufigsten Gedichte. (6)
j) Doch weil die oft sehr persönlich sind, kann sie sich nicht vorstellen, davon jemals etwas zu veröffentlichen. (3, 4)
k) „Mensch, Carla“, denkt sie manchmal, „gib dir einen Ruck, zeig doch einmal deiner Lehrerin einen Text!“ (8, 7, 2)
l) Wenn ihr eine ihrer Geschichten gefällt, kann sie sich, da ist sie sicher, Hoffnungen machen, dass auch andere ihre Werke gerne lesen werden. (3, 6)
m) Doch bis dahin, das weiß sie, wird noch viel Zeit vergehen. (6)
n) Am schwierigsten wird es sein, überhaupt einen Verlag zu finden, der einen ihrer Romane veröffentlichen würde. (4, 3)
o) Doch, davon nicht entmutigt, vertraut sie immer fester ihrem bisher noch geheimen Talent. (5)

3/4

a) Benedikt träumt davon, ein Spitzenkoch zu werden. (4)
b) Weil er sich fast jeden Tag neue Gerichte ausdenkt, sie ausprobiert und seine Familie verwöhnt, muss seine Mutter kaum noch kochen. (1, 2, 3)
c) Oft verfolgt er im Fernsehen die Starköche, die tolle Menüs raffiniert zubereiten. (3)
d) „Eine eigene Kochshow wäre etwas Tolles“, denkt er sich. (8)
e) „Du, mein Sohn, da bin ich mir sicher, wirst ein großer, bekannter und erfolgreicher Koch.“ (8, 7, 6, 1)